常州之窗

如境校园

蔡廷伟 著

苏州大学出版社
Soochow University Press

图书在版编目(CIP)数据

常州之窗　如境校园/蔡廷伟著. -- 苏州：苏州大学出版社, 2023.6
ISBN 978-7-5672-4457-3

Ⅰ.①常… Ⅱ.①蔡… Ⅲ.①技术学校-校园文化-建设-研究-常州 Ⅳ.①G718

中国国家版本馆 CIP 数据核字(2023)第 120029 号

书　　名:	常州之窗　如境校园
	CHANGZHOU ZHI CHUANG　RU JING XIAOYUAN
著　　者:	蔡廷伟
责任编辑:	曹晓晴
出版发行:	苏州大学出版社(Soochow University Press)
社　　址:	苏州市十梓街1号　邮编: 215006
印　　刷:	苏州工业园区美柯乐制版印务有限责任公司
邮购热线:	0512-67480030
销售热线:	0512-67481020
开　　本:	787 mm×1 092 mm　1/16　印张: 12　字数: 209千
版　　次:	2023年6月第1版
印　　次:	2023年6月第1次印刷
书　　号:	ISBN 978-7-5672-4457-3
定　　价:	45.00元

若有印装错误,本社负责调换
苏州大学出版社营销部　电话: 0512-67481020
苏州大学出版社网址　http://www.sudapress.com
苏州大学出版社邮箱　sdcbs@suda.edu.cn

代序

"如境"教育观的生成与构建

秦益霖

学校文化的核心是精神理念、教育思想。在当今"互联网+"时代,教育思想更加多样化,多种教育观并存。多种教育主体共同对每一个人产生着碎片化的作用,整个教育生态发生了巨大的变化,亟待具有跨界融合特点的教育观来整合不同的教育思想,让家庭、学校、社会教育更好地形成合力,变碎片化教育为系统化教育。常州旅游商贸高等职业技术学校跳出传统的教育视角,创新性地提出了教育即助人助己通往更高之境界的"如境"教育观,构建了四重境界的人生导航系统,打造了引领师生精神境界的校园文化品牌。

一、教育思想多样化,多种教育观并存

什么是教育?教育的目的是什么?这是一个永恒的话题。古今中外很多先贤哲人对此进行了深入的探究,形成了博大精深、丰富多彩的教育思想。他们从不同角度或针对局部进行了探讨。儒家经典《大学》从教育的着重点看,"大学之道,在明明德,在亲民,在止于至善"。雅斯贝尔斯《什么是教育》从教育过程看,教育的本质是一棵树摇动另一棵树,一朵云推动另一朵云,一个灵魂唤醒另一个灵魂。怀特海《教育的目的》从教育的载体和目标看,教育的目的是激发和引导受教育者"自我发展",教育只有一个主题即五彩缤纷的生活。卢梭《爱弥儿》从孩子接受不同的教育时如何进行统一的角度来研究,认为每一个人都是由自然的教育、人的教育、事物的教育三种教育培养起来的,如果在一个学生身上这三种不同的教育互相冲突,他所受的教育就是不好的教育;如果三者是一致的,目的是趋同的,他就会达到自己的目标,而且生活得有意义,

这就是好的教育。还有实用主义大流派，如斯宾塞的"教育为未来生活之准备"，杜威的"教育即生活"，陶行知的"生活即教育"。马克思首次提出了教育的社会性和阶级性问题，认为教育兼具促进个体自由而全面发展的价值、促进社会进步和人类解放的责任。诸如此类，这些多样化的教育思想深刻影响着社会、学校、家庭及每一个人。对于教育工作者，什么是教育，教育的目的是什么，怎样才能给学生良好的教育，是需要深入探讨和研究的课题。

二、教育作用碎片化，教育观冲突加剧

人一出生就开始接受各种不同的教育，如家庭教育、学校教育、社会教育、自我教育。不同的教育主体持什么样的教育观，有什么样的教育思想，对教育的过程及其结果的影响是根本性的。教育思想的多样性及其影响的广泛性，必然会让不同社会、不同家庭、不同学校、不同教师之间的教育观产生差异。学生往往同时面对很多教师，还要受到来自家庭、社会的影响，加上信息时代方便快捷的互联网可以让学生时刻接收到大量信息，学生很容易通过各种渠道与社会建立连接，受到各种社会事件、思潮的影响。各种来自互联网的教育理念，有的可能与学校教师的教育理念有冲突，学校在原有封闭体系下的教育权威被打破，学校教育与其他教育之间缺少协同，其矛盾、冲突普遍增加，学生接受的多种教育未形成协作的系统，可以说学生接受的是碎片化的教育，教育的作用也是碎片化的。这种碎片化呈现出细碎性、零散性、灵活性等特征，使教育环境变得更加复杂。

在教育作用碎片化的背景下，学校教育面临前所未有的挑战。明星、"网红"的爆红、暴富，引发社会大众心浮气躁、急功近利等不良心态。在全球功利主义、个人主义思潮的影响下，学校素质教育将难以有效推行，立德树人的教育效果将大打折扣，学校教育的影响力也将呈下降趋势。怎样提升学校教育的效果？最重要的是要升级教育观，这个升级的教育观既要兼顾各方的利益诉求，还要高于各方利益，让各种教育主体形成合力。只有这样，学生才能融合来自家庭、学校、社会、自我的教育目的，接受最好的教育。

三、升级的教育观："如境"

不同教育观之间发生冲突的原因是不同教育主体的目的和利益取向存在矛盾，其本质是教育主体认识境界的问题。人站在家庭高度与站在国家高度去思

考同样的问题会得出不同的答案。人的思想境界高了，对利益的理解、认识就不同了。若不同主体都能上升到更高的思想境界去思考问题，原先的许多矛盾自然就化解了。所以，升级教育观可以通过升级思想境界来完成。升级的教育观可以表述为，教育就是助人助己通往更高之境界，简称"如境"（如：通往、到达）。"如境"概念是如何形成的？其主要是跳出教育对教育目的进行初心追问，在吸收大量优秀教育思想的基础上，融合中西方智慧而提出的。具体分析如下：

纵观人类历史发展长河，教育的目的首先是满足教育者延续自身生存及实现利益最大化的需要，同时给被教育者导入一种思想和行为准则。在中国，历史上很多君王用儒家思想来教育民众，推崇仁德、有教无类，以及修身、齐家、治国、平天下等儒家思想。通过教育，有力维护了皇权统治，促进了国家财富的最大化；通过教育，为广大被教育者实现自己的人生价值提供了平台和机会。在西方，在政教合一的历史时代，教会通过宗教对人们进行教育，他们宣扬人是上帝创造的，人在思想和行动上要遵从上帝的意志，所以其教育有力维护了教权统治；通过宗教灌输和引导，让被教育者和信徒在精神上得到救赎。

从人接受时间较长、影响较大的家庭教育看，詹姆斯·S.科尔曼等人在《教育机会公平》报告中指出，家庭是一个社会的基本经济单位，主要关心自己成员各种发展机会的增加和生产能力的提高，而不管其他家庭是否能够做到。家庭必须让孩子学会社会生存和发展的基本技能，从而提高家庭的生产力水平。由此可见，家庭教育的目的是最大化维持目前的社会阶层或者上升到更高的社会阶层，是实现家庭长期利益的最大化和家庭成员个体发展的利益最大化。

从接受教育的个人看，人一出生就在生存本能驱动下开始学习和接受教育。在自我意识产生之后，自我的很多需求超出了自身能力范围，这就驱使着人去学习、接受教育，去提升自己的能力，从而满足自己的需求，实现自我利益最大化。

从社会理性的角度看，社会利益最大化、家庭利益最大化、个人利益最大化三者之间的矛盾就是常见的社会矛盾。解决这个矛盾就是平衡三种利益的过程，如果用计算机的最优算法来计算，结果就是社会利益最大化，但个人往往不能接受，因为牺牲自己的局部利益在感性上是很难接受的。如果通过教育让其把社会利益最大化作为自己的追求，这个问题便迎刃而解了。因此，可以通

过教育提高社会成员思想境界的层级，使其把实现更高层次利益最大化的责任内化为自己的担当。

按照弗洛伊德的人格社会化理论，人格分为本我、自我、超我三个层次，教育就是提升人格层级，助人从本我利益最大化的层级不断上升到超我利益最大化的层级。从中国哲学看，冯友兰先生提出人生四大境界："自然境界"，混沌未开；"功利境界"，为己为利；"道德境界"，为人为公；"天地境界"，万物皆备于我，我与宇宙同一。其实，这也是利益观的四重境界。习近平总书记在回答意大利众议长菲科对他的提问时说："这么大一个国家，责任非常重、工作非常艰巨。我将无我，不负人民。我愿意做到一个'无我'的状态，为中国的发展奉献自己。"这个回答实际上是阐述了一种在东方文化基础上又升华了的共产党人的人生境界。

据此得出"如境"教育观：教育的目的是助人助己通往更高之境界。这里的境界分为四重：一是本我的自然境界；二是自我的功利境界；三是超我的道德境界；四是无我的天地境界。

四、"如境"教育观的构建

"如境"教育观有四个关键词。一是境界，这个境界是指人的思想认知、精神修养、行为能力水平协同所达到的能量程度或呈现的状态。教育追求的不是简单的知识、能力、素养，而是思想、精神、能力综合后形成的能量状态。二是四重格局，基于思想认识的不同高度，把人分为四个不同层级的境界格局。三是助人助己，教育的微观作用一定是帮助人，而不是替代人，自我教育、自我帮助是教育力实现的根本逻辑。四是"如"，"如"是通往、达到，教育有明确的价值取向和阶级属性，其作用力方向是向上的，且与人类文明的进步总方向一致。四个关键要素完整搭建的教育的主客体、教育作用的方向、教育与人生的四重境界，是一个开放的教育导航系统，个人、家庭、学校、社会均可以使用。每一重境界皆有其独特的定位，但它们又互相联系，可以进行有条件的转换，转换的关键就是教育的关注点。

第一重境界是本我的自然境界。它倡导的是自然的生活教育，简单地说就是被教育者能够学会保持身体健康、举止文明，能自食其力，这应是教育最基础的境界。从这个角度看，应试教育围绕考试和考分，不重视劳动、卫生教育，不重视体育健康教育，让被教育者成为缺乏独立生存与生活能力的"巨婴"，这与"生活教育"理念大相径庭。教育这一最基础的境界对其他境界产生基础性的影响，所谓"基础不牢，地动山摇"。

第二重境界是自我的功利境界。它倡导的是最大限度地激发自我的优势和潜能，通过创新创造发挥自己的独特价值，培养在竞争中创造财富的素质与能力。它强调通过个人努力考上理想的学校，找到好的工作，有一个好的家庭，有一个好的人生。这是目前家庭教育、学校教育能较好形成合力的部分。分数、升学率、排名常常是社会舆论衡量一所学校办学质量和水平的依据，我们在肯定其积极意义的同时，也要看到如果学校、家庭仅仅停留在这样的教育理念上，培养的就是精致的利己主义者。这种自我功利的教育需求十分旺盛、力量强大，既要给予合理的满足，也要进行理性的引导，否则择校热、补课热、厌学等社会问题难以根本解决。

第三重境界是超我的道德境界。它是学校教育存在的价值与使命，是立德树人，是帮助人实现从利己到利他的提升。思想高度要实现以自我为中心到以企业、社会、国家为中心的提升，如果没有教育理性的推动，没有思想认知的升级，这种转变是不可能完成的。精致的利己主义者与道德者的差异在于，一种是主观上为自己、客观上为社会，另一种则是主观上为社会、客观上成就自己，两者差之毫厘，谬以千里。商人与企业家的区别在于，前者把赚钱放在第一位，后者把社会责任放在第一位。这重境界是推动社会和谐与提升人们幸福感的境界，学校要发挥道德教育的引领作用，引领家庭教育、社会教育从功利境界上升到道德境界，多方协同，推动形成立德树人的教育合力，如此许多社会问题、矛盾将化于无形，人们将生活得更幸福。

第四重境界是无我的天地境界。它是一个至善至美的境界，是马克思主义追求的共产主义的境界，也是共产党人最终追求的境界，脱离了一般意义上利益的束缚，没有了个人、家庭、社会、国家之间的利益鸿沟，把人类、自然与宇宙看成一体，天、地、人融通，与习近平总书记提出的构建人类命运共同体的境界相通。人要是到达这重境界，将会源源不断地产生强大的精神力量。

五、"如境"教育观的特质

"如境"教育观是一种兼容并蓄、跨界融合思维下的教育观,具有四大特质。

一是"如境"教育观的本质是立德树人。"如境"把立德树人转化为可以逐步进阶的四个层次,明晰了德育的根本是促进由利己转向利他的思想认知,提出立德树人的路线图。

二是"如境"教育观聚焦人生境界的提升。"如境"之意境可以用"登山视野"模型来呈现。境界好比一个圆,一个以本我为圆心,以自我、超我、无我为半径的圆,它是一个思想认知范围,这个范围就是境界圆的面积。每提升一重境界,半径就会增加很多,境界圆的面积就会大很多,境界就越高。提升境界的过程如同登山一样,能遮蔽视野的事物随着攀登高度的增加而减少,视野范围逐渐变大。"不畏浮云遮望眼,自缘身在最高层""欲穷千里目,更上一层楼",这样的诗句表达的就是"如境"的"登山视野"模型之意境。登上更高的山就能看得更远,人的境界更高就能看到更远的未来,人生就更不惑,就更有方向感。

三是"如境"教育观开放包容。"如境"提供了一个开放的多层多维的思维框架,无论是倡导自然的教育、生活的教育、博雅的教育,还是倡导阶级的教育、价值取向的教育,都可以找到相应的层级,好比同一座庐山可以让不同的人看到不同的风景。因此,"如境"较好地跨界融合了家庭教育、学校教育和社会教育。

四是"如境"教育观是人生导航系统。每个人都可以进行"我是谁?从哪里来?到哪里去?"的哲学追问,评估自己当下的人生境界,并以此作为选择、行动的逻辑起点。每个人都是从无到有产生了本我,都需要被认真善待,需要保持一种奋发进取的状态,充分激发自己的潜能,努力提升自己的素养和能力。《左传》有言:"太上有立德,其次有立功,其次有立言,虽久不废,此之谓不朽。"要实现自己的人生价值必须提升到超我之上的境界,更要认识到人的最高境界是一种无我的境界。人生就是一个从无到有,再从有到无的循环往复的过程。教育就是人生,人生就是教育。

总而言之,"如境"教育观有助于人们客观认识教育,而客观认识教育有助于人们树立正确的教育观,持有正确的教育观则有助于人们剖析各种教育现象和教育问题,进而制定恰当的教育方针、规划、制度,从而促使人们进行合情、合理、合规、合适的教育活动。

目 录

- 一 "如境"校园 至美之境 ……………………………… 1
  - "如境"校园环境文化的创生与实践 ………………… 3
  - 常州简介 ……………………………………………… 7
  - 常州旅游商贸高等职业技术学校简介 ………………… 10
- 二 以常州历史文化名人命名建筑 ……………………… 15
  - A1 季子楼 …………………………………………… 17
  - A2 荆川楼 …………………………………………… 22
  - A3 国钧楼 …………………………………………… 25
  - A4 霞客楼 …………………………………………… 27
  - A5 宣怀楼 …………………………………………… 29
  - B1 有光楼 …………………………………………… 33
  - B2 亮吉楼 …………………………………………… 37
  - B3 三杰楼 …………………………………………… 39
  - B4 罗庚楼 …………………………………………… 49
  - B5 存初楼 …………………………………………… 54
  - B6 南田楼 …………………………………………… 57
  - B7 东坡楼 …………………………………………… 62
  - B8 元任楼 …………………………………………… 66
  - E1 云崧楼 …………………………………………… 69
  - C2 景仁楼 …………………………………………… 73
  - C3 懋堂楼 …………………………………………… 77

C4 子居楼 ······ 80

C5 方耕楼 ······ 82

C6 惠言楼 ······ 84

● 三 以常州历史沿革名称、八邑、景区、历史文化遗存、历史名巷等命名校园道路 ······ 87

（一）以常州历史沿革名称命名主干道 ······ 88

延陵道 ······ 89

毗陵道 ······ 90

晋陵道 ······ 91

兰陵道 ······ 92

常州（尝州）道 ······ 93

（二）以"中吴要辅，八邑名都"之八邑命名学生宿舍区道路 ······ 95

武进道 ······ 96

阳湖道 ······ 97

宜兴道 ······ 98

荆溪道 ······ 98

无锡道 ······ 99

金匮道 ······ 100

江阴道 ······ 100

靖江道 ······ 101

（三）以常州部分景区命名校园道路 ······ 103

茅山道 ······ 104

天目湖道 ······ 106

（四）以常州部分历史文化遗存等命名校园道路 ······ 108

圩墩道 ······ 109

淹城道 ······ 110

中吴道 ······ 112

目录

  龙城道 ········· 113
 （五）以常州历史名巷命名教学区道路 ········· 117
  青果巷 ········· 118
  前后北岸 ········· 120
  双桂坊 ········· 122
  椿桂坊 ········· 124
  早科坊 ········· 126
  篦箕巷 ········· 127
  西瀛里 ········· 129
  化龙巷 ········· 130

四 "如境"校园景点 ········· 131

 马踏飞燕 ········· 133
 蛟龙出海 ········· 134
 知行合一 ········· 134
 三立园（立德园 立志园 立能园） ········· 136
 吴为山雕塑作品《旋律》 ········· 140
 国际友谊林 ········· 141
 吴为山雕塑作品《跃》——常州旅游学校印记 ········· 142
 常州物资学校印记 ········· 144
 社会主义核心价值观宣传墙 ········· 145
 有光夫妇读书像 ········· 146
 常州古城城垣图 ········· 147
 "中吴要辅 八邑名都"示意图 ········· 149
 大运河文化墙 ········· 150
 毗陵驿 ········· 153
 "孟河医派"文化展示墙 ········· 155
 "苏东坡诗意人生"山水盆景 ········· 156

五 "如境"场馆 ······ 157

校史馆 ······ 159
如境书院——常州市第三职业高级中学印记 ······ 160
酒店文化博物馆 ······ 170
常州菜文化博物馆 ······ 172
常州历史文化名人馆——霞客馆 ······ 176

参考文献 ······ 177

「如境」校园　至美之境

"如境"校园环境文化的创生与实践

蔡廷伟

文化是学校的灵魂。"以文化人"是教育追求的高端境界。优秀的校园文化能传承学校精神，凸显育人功能，春风化雨，润物无声。

常州旅游商贸高等职业技术学校（以下简称"常旅商"）的办学定位是："专注现代服务业，培养国际化人才"。也就是说，我们要培养综合素质高、动手能力强、文化内涵深、德智体美劳全面发展的国际化现代服务业人才。学校文化建设必须为人才培养服务，与专业建设相契合，与地方文化相融合，具有本校的个性特征。

常旅商经过几十年的办学积淀，师生共同凝练出一套理念创新的精神文化体系，其核心要义是"如境"二字。"如"，有通往、到达之意。"境"，即境界。"如境"，即通往更高的境界。由此提炼出学校的办学理念：教育即助人助己通往更高之境界。

常旅商致力构建"三层四面"立体的"如境文化"品牌体系，从学校、系部、班级三个层面，精神文化、物质文化、制度文化、行为文化四个方面推进"如境文化"建设。落实到立德树人具体目标，就是培养德智体美劳全面发展的具有"五美"境界的高素质技术技能人才。"五美"即品德之美、身心之美、礼仪之美、技艺之美、合作之美。

常旅商校园环境文化设计理念为：看3200年常州历史文化，悟至善至美人生境界，育"用心极致，追求卓越"工匠精神。

常旅商建设"常州之窗"AAA级景点，打造"如境"校园，凸显环境育人功能。挖掘整合地方历史文化、学校发展文化和专业文化资源，赋予校园道路、建筑、设施和环境以丰富的文化内涵，建设人文校园，彰显独有的人文精神。民族文化的精华、当地文化的精髓、本校历史的叙事、专业文化的耦合都能在校园体现出来，逐步形成"校园即景点，校园即酒店，校园即市场"和"到处是课堂，遍地是教材，时时在育人，人人皆风景"的育人生态。

常旅商通过师生共同参与，精心设计了"常州之窗　如境校园"文化标识系统，巧妙地将地方历史文化、专业文化融合在道路和建筑的命名中，条块结合、时空穿梭，中华优秀传统文化、革命文化和社会主义先进文化都能够在这个校园里感受到。

以二十六位常州历史文化名人命名十九幢大楼。这些历史文化名人，有代表中华优秀传统文化的季札（季子）、戴叔伦、苏轼（东坡）、唐顺之（荆川）、徐霞客、洪亮吉、赵翼（云崧）、段玉裁（懋堂）、黄景仁、孙星衍、恽南田、庄存与（方耕）、刘逢禄、恽敬（子居）、张惠言、盛宣怀、赵元任、刘海粟等；有代表革命文化的瞿秋白、张太雷、恽代英、史良（存初）、李公朴等；有代表社会主义先进文化的刘国钧、华罗庚、周有光等。设计时尽可能考虑楼名与专业的耦合，如霞客楼、亮吉楼主要是旅游管理系大楼，宣怀楼、罗庚楼主要是经济贸易系大楼，南田楼有艺术设计专业的教室，东坡楼有常州菜体验中心，元任楼有国际文化交流中心。楼宇命名自然别致，如子居楼、懋堂楼等用于命名学生宿舍楼尤为贴切。云崧楼用于命名学校最高楼，又取赵翼的著名诗句——"江山代有才人出，各领风骚数百年"来激励莘莘学子立"云崧"之志，成栋梁之材。

以常州历史沿革名称、历史文化遗存等命名十九道。常州历史沿革名称之延陵道、毗陵道、晋陵道、兰陵道、常州（尝州）道；常州八邑之武进道、阳湖道、宜兴道、荆溪道、无锡道、金匮道、江阴道、靖江道；代表金坛的茅山道；代表溧阳的天目湖道；长江文明马家浜文化遗存之圩墩道；春秋文化遗存之淹城道；体现吴文化的中吴道；体现龙城文化的龙城道。淹城道又与学校的历史源头——淹城商业中学耦合。

以常州历史名巷命名八巷——青果巷、前后北岸、双桂坊、椿桂坊、早科坊、篦箕巷、西瀛里、化龙巷。

常旅商建有一系列文化景点，彰显校园精神，传承教育之道，培育社会主义核心价值观，让浸润其中的学生观其景、品其文、悟其蕴、明其道。学校南大门中央广场上，中国旅游标志——"马踏飞燕"矫健俊美，给人以自强不息、豪迈进取、雷厉风行的精神激励。学校北大门为"蛟龙出海"造型，寓意莘莘学子离开母校后能够不断践行"如境"文化，龙行天下、出类拔萃。"马踏飞燕"和"蛟龙出海"又生成"龙马精神"。

"有光楼"前矗立着常州市书法家协会原主席叶鹏飞先生书写的"如境"石刻及有光夫妇读书像。季子楼前有"志存高远"石刻，与"如境"石刻遥相呼应。

距"如境"石刻不远处有一面社会主义核心价值观宣传墙，上面所呈现的十二生肖形象别具特色，是学校创意信息系学生的创意设计大赛获奖作品，它们巧妙地与社会主义核心价值观的十二个关键词融为一体，产生了很好的宣传效果，是社会主义核心价值观融入校园文化和专业建设的生动体现。

常旅商建有"三立园"——立德园、立志园、立能园。立德、立志、立能是人生成功的三大基石，是学校为培养具有"五美"境界的人才而制定的学生发展"三立"目标。

常旅商还建有校史馆、如境书院、酒店文化博物馆、常州菜文化博物馆、常州历史文化名人馆等"如境"场馆，集科研、教育、科普、展示、交流、实训、生产于一体，对接行业、企业，共建产业学院，形成"校在城中，城在校中，师生校产城共成长"的"五元"共生育人生态。

"常州之窗　如境校园"是一座特别的常州历史文化博物馆，一门有特色的地方旅游文化课程，一个丰富生动的德育基地，一个富有文化气质的文旅商贸专业培训实践、产教融合基地，还是一个对市民开放的休闲广场和城市客厅。

走进"常州之窗　如境校园"，就如同打开一部"如境书卷"，读到的是中华优秀传统文化、革命文化和社会主义先进文化，读到的是"勇争一流，耻为二手"的常州精神，读到的是"用心极致，追求卓越"的工匠精神，读到的是道德境界、天地境界。同时，也希望常旅商能够"守护江南名城的文化记忆，担起留住乡愁的历史责任"，能够唤起历史记忆，传承龙城文脉，熏陶人文素养。

常旅商在推进"如境"校园文化建设的过程中，借用常州历史上的名人、名巷的名号命名校园楼宇、道路，并不是一种本体论意义上的存在状态，而是一种精神境界的引领，即"如境"导航，孜孜于在人与历史的契合中，使人格不断完善而更具内涵；在人生境界的逐级提升中，使个体小我与历史大我达到内在的统一。归结到办学，则是适应职业技术学校的培养目标和模式，培养出更多更优秀的爱国工匠，使其既熟悉历史、体察国情，又身怀现代技能、具有深厚的人文情怀。落实到立德树人具体目标，就是培养具有"五美"境界的德智体美劳全面发展的高素质技术技能人才。

常州简介

位于学校中吴道（中央广场）入口处的"如境"校园总导视图

锦绣常州，魅力龙城，地处长三角腹地，北枕长江，南衔太湖，京杭大运河穿境而过；居上海、南京之中，与苏州、无锡联袂，并称苏锡常；下辖金坛、武进、新北、天宁、钟楼 5 个行政区，代管溧阳 1 个县级市；物产丰富、经济发达、文化兴盛、人才辈出；为国家历史文化名城、全国文明城市、中国优秀旅游城市、国家园林城市、国家创新型城市等。其城市发展定位为"国际化智造名城，长三角中轴枢纽"。

常州历史文化源远流长，为吴文化代表城市之一。戚墅堰圩墩母系氏族公社遗址距今约 6000 年；郑陆寺墩父系氏族公社遗址距今约 4500 年；自周部落首领古公亶父之子太伯奔吴建立句吴，常州作为吴国领地已有 3200 多年历史；神秘的春秋淹城遗址距今 2500 多年。春秋末期，吴王寿梦第四子季札受封于延陵邑，从此开启了长达 2500 多年有准确纪年和确切地名的常州历史。秦置延陵乡，西汉改延陵乡为毗陵县，西晋太康二年（281）置毗陵郡。自此，常州历朝均为郡、州、路、府治所。隋开皇九年（589）置常州，至今已有 1400 多年。历史上常州曾有过延陵、毗陵、毗坛、晋陵、兰陵、常州、长春、尝州、武进

等名称，别称"龙城"，有"三吴重镇""中吴要辅""八邑名都"之美誉。

常州自古就是诗书礼仪之乡、钟灵毓秀之地。历史上，常州形成了鲜明的地域人文特点，即崇文、务实、经世、博取、创新、谦慎。自唐代至清代，常州地区出进士2890余名、状元16名。截至2022年，常州籍中国两院院士有70多名。清代涌现出常州学派（庄存与、刘逢禄）、阳湖文派（恽敬、张惠言）、常州词派（张惠言）、常州画派（恽南田）、常州诗派（赵翼、黄景仁、洪亮吉、孙星衍）、孟河医派（费伯雄、马培之、巢崇山、丁甘仁）等众多文化流派。常州近现代有"常州三杰"——瞿秋白、张太雷、恽代英，有"七君子"中的史良、李公朴，有"中国近代实业之父"盛宣怀、爱国实业家刘国钧，有国际数学大师华罗庚、现代画坛泰斗刘海粟，有语言文字学家段玉裁、赵元任、周有光，有史学家赵翼、吕思勉，有造园叠山大师戈裕良，等等。南宋诗人陆游称常州"儒风蔚然为东南冠"。近代思想家、诗人龚自珍赞常州"天下名士有部落，东南无与常匹俦"。

常州历史文化荟萃，名胜古迹众多，旅游景点丰富，有世界文化遗产大运河（常州段）、圩墩新石器遗址、寺墩新石器遗址、中国春秋淹城旅游区（AAAAA级）、青果巷历史文化街区、前后北岸历史文化街区、天宁禅寺、红梅阁、文笔塔、舣舟亭、太平天国护王府遗址、瞿秋白纪念馆、张太雷纪念馆、恽代英纪念馆、西瀛里明城墙、焦溪古镇、环球恐龙城（AAAAA级）、天目湖旅游度假区（AAAAA级）、金坛茅山旅游度假区、华夏宝盛园、环球动漫嬉戏谷、滆湖（西太湖）湿地公园、长荡湖水城等。常州主要特产有常州梳篦、乱针绣、留青竹刻、金坛刻纸、景泰蓝掐丝工艺画、大麻糕、芝麻糖、溧阳风鹅、溧阳白芹、南山板栗、长荡湖螃蟹、长荡湖青虾、天目湖白茶、金坛雀舌茶等。

常州主要旅游景点简图

常州之窗 如境校园

常州旅游商贸高等职业技术学校简介

常州旅游商贸高等职业技术学校坐落于常州国家高新区（新北区），占地面积 22 万平方米，一期建筑面积 13 万平方米。由原常州旅游学校、常州物资学校、常州市第三职业高级中学于 2007 年合并升格成立，为江苏联合职业技术学院的分院之一。

常州旅游商贸高等职业技术学校大门

"如境"校园
至美之境

学校是国家中等职业教育改革发展示范学校、首批国家级重点中等职业学校、全国教育系统先进集体、江苏省现代化示范性职业学校、江苏省职业院校技能大赛先进单位、全国首批职业院校数字校园建设实验校、首批省级研学旅游示范基地。学校培养了全国"最美中职生"、全国职业学校创新创效创业大赛特等奖得主、全国技术能手、江苏技能状元、数百名国家和省技能大赛金牌得主、全国中等职业学校班主任基本功大赛一等奖得主等一大批优秀学子、优秀教师。

学校以"专注现代服务业,培养国际化人才"为办学定位,秉承"用心极致、追求卓越"的校训,大力实施"创新创业、国际化、信息化、立交化、校园文化"五大发展战略。

学校设运动健康系、旅游管理系、应用外语系、创意信息系、经济贸易系五个系,共二十多个专业。建有全国领先、省内一流的旅游管理、中西烹饪、商贸物流、电子信息、创意设计、国际文化交流等实训中心。以"一体两翼三辐射"为发展思路,强化校企合作,深化现代学徒制试点工作,深入推进产教融合,形成了常青藤校办企模式(常青藤连锁超市、蒲公英旅行社、如境酒店)、常州菜研究院校政企共建模式、以"龙控班"为代表的企中校模式（东方盐湖城校区、茅山校区、环球恐龙城校区）、以"艾朗班"为代表的校中企模式、以中吴国际酒店管理学院为代表的产业学院模式。

学校有多年的国际化办学经验，与十多个国家和地区签约合作项目，每年有大量师生出国交流、求学、实习、就业，同时接收多个国家的学生来校进行短期交流和学习。

学校打造"如境"校园文化体系。以"教育即助人助己通往更高之境界"为核心理念，以培养具有品德之美、身心之美、礼仪之美、技艺之美、合作之美"五美"境界的高素质技术技能人才为目标，构建多维度的精神追求目标体系和路径，引领师生发展。以"教育即生活，生活即教育"为育人理念，赋予学校"三即"内涵——"校园即景点，校园即酒店，校园即市场"，打造AAA级旅游景点"如境"魅力校园。

一 "如境"校园
至美之境

"常州之窗　如境校园"模型图

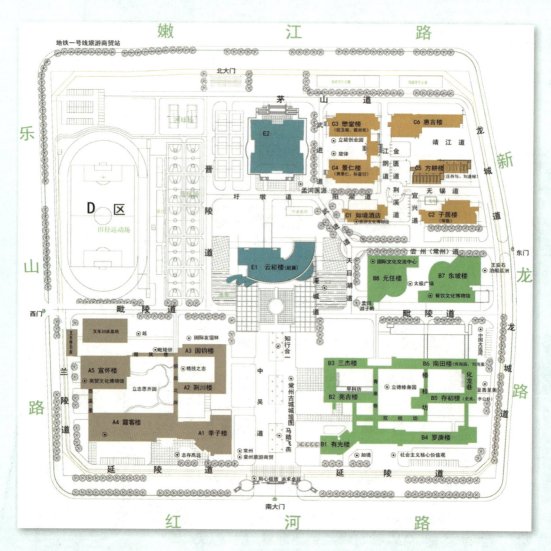

"常州之窗 如境校园"平面图

二

以常州历史文化名人命名建筑

"常州之窗　如境校园"以二十六位常州历史文化名人命名十九幢大楼。这些历史文化名人，有代表中华优秀传统文化的季札（季子）、唐顺之（荆川）、徐霞客、盛宣怀、洪亮吉、恽南田、刘海粟、苏轼（东坡）、赵元任、赵翼（云崧）、黄景仁、孙星衍、段玉裁（懋堂）、戴叔伦、恽敬（子居）、庄存与（方耕）、刘逢禄、张惠言等；有代表革命文化的瞿秋白、张太雷、恽代英、史良（存初）、李公朴等；有代表社会主义先进文化的刘国钧、周有光、华罗庚等。在大楼设计时，尽可能考虑楼名与专业的耦合，如霞客楼、亮吉楼主要是旅游管理系大楼，宣怀楼、罗庚楼主要是经济贸易系大楼，南田楼有艺术设计专业的教室，东坡楼有常州菜体验中心，元任楼有国际文化交流中心。大楼命名自然别致，如子居楼、懋堂楼等用于命名学生宿舍楼尤为贴切。以"云崧"命名学校最高楼，又取赵翼的著名诗句——"江山代有才人出，各领风骚数百年"来激励莘莘学子立"云崧"之志，成栋梁之材。

A1 季子楼

季札（前576—前484） 尊称季子，春秋时期吴王寿梦的第四子，常州历史上有文字记载的第一人，常州人文始祖。公元前547年，吴王余祭封季札于延陵邑，成为常州2500多年有文字记载历史的真正开端。季札是春秋时期名望很高的贤士，是儒家的先驱，与孔子齐名，并称"南季北孔"，"季札三让天下""季札挂剑""季札观乐"的故事在江南地区广为流传，季札作为古代轻权位、重节义、知礼乐的典范而名垂青史。季札身上体现出的诚信、礼让、睿智等优秀品质，已经融入常州人民的血液中。

季子楼 为学校行政楼，一楼有报告厅——季子厅。

季子楼一角

"季子楼"匾额：由季札后裔、傅抱石弟子、常州籍画家吴云发先生题写

位于常州市钟楼区人民公园内的季子亭

二 以常州历史文化名人命名建筑

据传季札曾经躬耕于今常州市天宁区郑陆镇舜过山下吴下里

位于常州市天宁区郑陆镇的季子文化公园

位于舜过山东麓的江阴申港也建有季子文化公园，内有季子祠、季子墓，还有一块著名的十字碑，上刻"呜呼有吴延陵君子之墓"十个古篆文字，据传为孔子所书。

位于江阴市申港街道的季子祠

位于丹阳市延陵镇的季子庙

二 以常州历史文化名人命名建筑

位于徐州市云龙山的季子挂剑台

"如境"导航

延陵季子，君子风范，礼让睿智，重信守诺，躬耕恤民。

A2 荆川楼

唐顺之（1507—1560） 号荆川，明代儒学大师、军事家、散文家，抗倭英雄。任翰林院编修，后调兵部主事，以兵部郎中督师浙江抗倭，破倭寇于海上。后升右佥都御史，巡抚凤阳。唐顺之因多年在海上奔波抗倭不幸染病，最后病亡于巡海途中。唐顺之是常州文化史上第一个具有全国影响力的、真正有着原创性的学者，是常州学术文化走向成熟的标志。他提倡学习唐宋古文，确立了"唐宋八大家"的历史地位。他又是常州经世致用学说的先导。常州城内有唐荆川纪念馆、荆川先生读书处、唐荆川墓、唐氏宗祠等，建有荆川公园。

荆川楼 主要为文创设计专业实训楼。

荆川楼一角

二 以常州历史文化
名人命名建筑

青果巷唐氏八宅之一贞和堂：唐荆川纪念馆

位于常州市青潭路的荆川公园

荆川公园陈渡草堂：荆川先生读书处

"如境"导航

心怀家国，能文能武，经世致用，有担当，有本领。

A3 国钧楼

刘国钧（1887—1978） 爱国实业家、纺织企业家。生于常州府靖江县，15岁于常州西门外奔牛镇当学徒。1915年开始投资纺织业。1930年创办大成纺织染公司，与"洋布"竞争，与日商斗争，艰苦卓绝，8年办成大型企业，还在上海、武汉等地投资办厂，并率先试制成功灯芯绒、丝绒，被当时经济学界誉为"罕见的奇迹"。日本发动全面侵华战争后，大成厂遭到日军的轰炸，损失惨重，刘国钧避居香港。抗日战争胜利后，刘国钧在香港开办东南纱厂。1950年，刘国钧毅然从香港返回常州。1951年，他筹建民建常州市委会。抗美援朝时期，大成厂共捐资50亿元，刘国钧个人捐资2亿多元，并主动将留存于上海、香港的毛纺企业献给国家。1954年，大成纺织染公司率先在江苏省实行公私合营。同年，刘国钧被选为全国人大代表。1956年，刘国钧当选为江苏省副省长。"文革"期间，他亲笔书写楹联"人老心不老，永远跟党跑"。

国钧楼 一楼为学生成长指导中心和学校后勤服务处，二至五楼为文创设计专业实训室。

国钧楼一角

青果巷唐氏八宅之一八桂堂：刘国钧故居

刘国钧手写楹联"人老心不老，永远跟党跑"

"如境"导航

工匠精神、创新精神、社会责任、家国情怀和国际视野。

A4　霞客楼

徐霞客（1587—1641）　名弘祖，字振之，号霞客，常州府江阴人，明代地理学家、旅行家和文学家，被称为"千古奇人""东方游圣"。徐霞客一生志在四方，足迹遍及今21个省、自治区、直辖市，"达人所之未达，探人所之未知"。他历时30余年撰成的《徐霞客游记》，开辟了地理学上系统观察自然、描述自然的新方向，既是系统考察祖国地貌地质的地理名著，又是描绘华夏风景资源的旅游巨篇，还是文字优美的文学佳作，在国内外具有深远的影响。《徐霞客游记》开篇之日（5月19日）被定为中国旅游日。

霞客楼　为旅游管理系实训楼。

霞客楼一角

常州之窗 如境校园

"霞客楼"匾额：由常州地方文化研究学者、常州大学国学研究院院长、原常州市文广新局副局长张戬炜先生题写

位于江阴市徐霞客镇南旸岐村的徐霞客故居，系全国重点文物保护单位、江苏省爱国主义教育基地

 "如境"导航

热爱祖国，献身科学，尊重实践。（李先念题词）

行万里路，读万卷书。探索发现，知行合一。

A5 宣怀楼

盛宣怀（1844—1916） 字杏荪，祖籍常州府江阴县，生于常州府武进县，去世后归葬江阴。为晚清官员、官办商人、洋务运动代表人物之一，中国第一代实业家，被誉为"中国实业之父""中国商父"等。他创办了近代中国第一家大型民用航运企业——轮船招商局，第一家电信企业——天津电报总局，第一家钢铁联合企业——汉冶萍煤铁厂矿公司，第一条南北干线铁路——卢汉铁路，第一家银行——中国通商银行等中国近代主要工矿交通运输和金融企业。盛宣怀热心教育，他兴办了中国第一所工科大学——北洋大学堂（天津大学前身），中国第一所正规高等师范学堂——南洋公学（上海交通大学、西安交通大学之共同前身）等新式学校，开中国高等教育之先河。

盛宣怀以实业救国、重教兴学、热心慈善事业为后人所推崇。华东师范大学教授夏东元著《盛宣怀传》，这样评价盛宣怀："处非常之世，走非常之路，做非常之事的非常之人。"

宣怀楼 为经济贸易系实训楼。

宣怀楼一角

"宣怀楼"匾额：由常州籍书画家程舍予先生题写。程舍予与盛宣怀系姻亲关系

位于青果巷西的盛宣怀故居

二 以常州历史文化名人命名建筑

位于西安交通大学主楼东侧的盛宣怀塑像

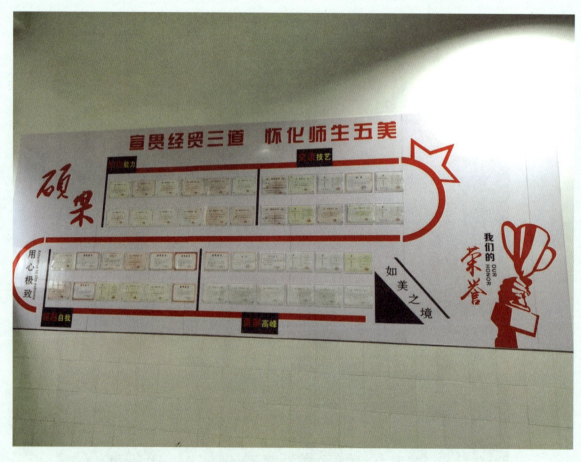

宣怀楼内经济贸易系系部文化一角

二 以常州历史文化名人命名建筑

B1 有光楼

周有光（1906—2017） 当代语言学家、文字学家、著名学者，通晓汉、英、法、日四种语言。周有光在青年和中年时期主要从事经济工作，曾任复旦大学经济研究所和上海财经学院经济学教授。1955年开始专职从事语言文字研究，曾主持编定《汉语拼音方案》，为汉语拼音创始人之一，被誉为"汉语拼音之父"。

周有光1918年入江苏省立第五中学（今江苏省常州高级中学）学习；1923年入上海圣约翰大学主修经济学和语言学，积极参加拉丁化新文字运动；1933年携妻子张允和赴日本留学；1935年返回上海，任教于光华大学（华东师范大学前身），兼职于上海银行，参加反日救国会；抗日战争全面爆发后逃难到四川，先后任职新华银行、国民政府经济部；1945年被派驻纽约、伦敦国际金融中心；1949年上海解放8天后，他毅然回国，参与祖国建设。

周有光是著名的长寿学者，享年112岁，在语言、文化、经济等领域成就突出，尤其为汉语现代化、国际化做出了重要贡献。周有光"一生有光"，他心怀家国，通达乐观，品格"有光"；淡泊宁静，崇尚简朴，生活"有光"；博学多闻，通才达识，学术"有光"。其个人魅力及与妻子张允和"举杯齐眉"、相敬相爱的感情令人称羡。

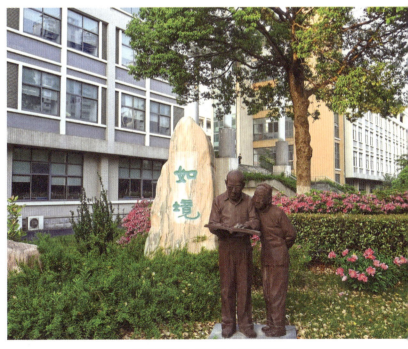

有光楼前的《有光夫妇读书像》

有光楼 为教师办公楼。

有光楼一角

"有光楼"匾额：集周有光连襟、著名作家沈从文字

二 以常州历史文化名人命名建筑

青果巷唐氏八宅之一礼和堂：周有光故居

周有光语录：

1. 人生的价值不在寿和富，而在光和热。

2. 爱因斯坦有句话对我很有启发。他说："人的差异在业余。"据计算，一个人到60岁，除吃饭睡觉，实际工作时间不很多，而业余时间倒是更长。通过业余学习，你可以成为某方面的专门人才。

3. 多看看，多想想；能读书，千万别放弃。

4. 要从世界看中国。你只要看看世界，只要把眼光放大，眼光一放大，许多问题就不成为问题了，中国今天的问题是很多人没有看到世界。

5. 山不在高，只要有葱郁的树林。水不在深，只要有洄游的鱼群。这是陋室，只要我唯物主义地快乐自寻。房间阴暗，更显得窗子明亮。书桌不平，要怪我

伏案太勤。门槛破烂，偏多不速之客。地板跳舞，欢迎老友来临。卧室就是厨室，饮食方便。书橱兼作菜橱，菜有书香。喜听邻居的收音机送来音乐。爱看素不相识的朋友寄来文章。仰望云天，宇宙是我的屋顶。遨游郊外，田野是我的花房。

6. 我想健康最重要的就是生活有规律，同时胸襟开朗也很重要。健康有物质一方面，也有精神一方面。我现在有"三不主义"。一不立遗嘱，二不过生日，三不过年节。日常生活越来越简单，生活需要也越来越少。许多人问我长寿之道，我想不出什么道理，可是我相信不要生气。因为外国一位哲学家说："生气是用别人的错误来惩罚自己。"

周有光先生爱祖国、爱人民、爱学习、爱家庭、爱生活的"五爱"品格将启迪常旅商师生乐做追光之人、通往更高境界。

B2 亮吉楼

洪亮吉（1746—1809）字君直，清代著名舆地（地理）学者、诗人。为"毗陵七子"（黄景仁、洪亮吉、孙星衍、赵怀玉、杨伦、吕星垣、徐书受）之一。以一甲第二名（榜眼）考中进士，授翰林院编修，充国史馆编纂官，后督贵州学政，又回京入直上书房，教皇曾孙奕纯读书。因上书谏言触怒嘉庆皇帝而被流放伊犁（百日后遇大赦返乡）。洪亮吉对流放遭遇坦然处之，在流放途中一路歌风吟雪、觅史寻踪，赞西域山水之奇丽，记边塞风情之异观。他写下了一系列描写伊犁山光水色、风土民情的伊犁杂诗及《天山客话》《伊犁日记》，观察深入，描

亮吉楼一角

绘细致，确有舆地学者之眼光，也有诗人才子之文采，给后人了解和研究西陲风物留下了一笔宝贵的遗产。洪亮吉曾讨论过人口增长过快的害处，可以说是近代人口学说之先驱。

亮吉楼 为旅游管理系教学楼。

常州之窗 如境校园

位于常州市天宁区东狮子巷的洪亮吉故居及纪念馆

B3 三杰楼

三杰楼 为旅游管理系教学楼。

三杰楼一角

瞿秋白、张太雷、恽代英这三位常州青年，作为中国共产党早期的重要领导人，为中国共产党和中国共青团的创建与发展，为中国革命的胜利，立下了不朽的功勋，他们被常州人民尊称为"常州三杰"。

常州工学院校园雕塑：《常州三杰》

瞿秋白（1899—1935） "100位为新中国成立作出突出贡献的英雄模范人物"之一，中国共产党早期主要领导人之一，伟大的马克思主义者，卓越的无产阶级革命家、理论家和宣传家，中国革命文学事业的重要奠基者之一。瞿秋白先后在中共第四、五、六次全国代表大会上，当选为中央执行委员、中央委员和中央政治局委员，曾担任中华苏维埃共和国中央政府教育部部长等职。1927年八七会议正式将陈独秀免职，瞿秋白担任临时中央政治局常委并主持中央工作。1935年被国民党军杀害于福建省长汀县，时年36岁。主要作品有《赤

二 以常州历史文化
名人命名建筑

位于青果巷唐氏八宅之一八桂堂的天香楼：瞿秋白出生地

都心史》《饿乡纪程》、《高尔基创作选集》（编译）、《现实：马克思主义文艺论文集》（编译）等。

瞿秋白的一生为中国共产党留下了六个第一：

一、他是中国报道十月革命后苏俄实况的第一人。

二、他是中国用文艺体裁描写列宁风采的第一人。

三、他是中国完整译配《国际歌》词曲的第一人。其中"英特纳雄耐尔（Internationale）"就是他音译过来的，并一直沿用至今。

四、他创作了歌颂中国工农革命的第一首歌曲。1923年，瞿秋白作《赤潮

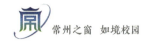

曲》，热情地歌颂了工农革命。

五、他创办了中国共产党的第一份日报。1925年6月4日，瞿秋白在上海创办了《热血日报》。他是主办人，也是主要撰稿人。

六、他是系统地向中国读者介绍马列主义文学艺术理论的第一人。

瞿秋白的一生，是孜孜不倦寻求中国光明之路的一生，是为共产主义理想英勇奋斗的一生。瞿秋白在《饿乡纪程》中写道"我总想为大家辟一条光明的路"，这是瞿秋白毕生奋斗的座右铭。他的诗句"我是江南第一燕，为衔春色上云梢"，正是革命先驱形象的生动写照。为了觅得中华大地的春天，这个从五四运动中成长起来的逐光者一直走在革命洪流的最前沿。"我总想为大家辟一条光明的路""为衔春色上云梢"都是共产党人初心和使命的形象表达。

二 以常州历史文化名人命名建筑

位于常州市延陵西路的瞿秋白故居及纪念馆

常州之窗 如境校园

张太雷（1898—1927） "100 位为新中国成立作出突出贡献的英雄模范人物"之一，中国共产党早期重要领导人之一，中国共产主义青年团的创始人之一，青年运动的卓越领导人，广州起义的主要领导人。1927 年在广州起义中牺牲，年仅 29 岁，为中国共产党历史上第一个牺牲在战斗第一线的中央委员和政治局成员。

张太雷从天津北洋大学毕业后原本很容易就能找到一份好工作，过上一般人梦寐以求的体面生活，但他选择了共产主义理想，"愿化作震碎旧世界的惊雷""谋将来永远幸福"，为国家富强、人民幸福毅然放弃了世人眼中体面而富足的生活，走上了充满艰险的革命道路。

位于常州市清凉路子和里的张太雷纪念馆

二 以常州历史文化
名人命名建筑

位于常州市清凉路子和里的张太雷故居

1921年年初，23岁的张太雷奉中国共产党早期组织之命，奔赴远在苏俄的共产国际远东书记处工作。临行前，面对疾病缠身的母亲、新婚两年的妻子和尚在襁褓中的女儿，张太雷写下了一封《家书》，表明他"谋将来永远幸福"的心志，让家人理解和支持他。他要用"一点暂时离别的苦"去换取全体中国人民的幸福，这正是他投身于革命的初心和使命。

张太雷一生之追求：谋将来永远幸福

恽代英（1895—1931） "100位为新中国成立作出突出贡献的英雄模范人物"之一，中国无产阶级革命家，中国共产党早期青年运动领导人之一，创办和主编了影响整整一代青年的《中国青年》。曾任川南师范学堂校长、上海大学教授、黄埔军校第四期政治总教官。先后参加南昌起义和广州起义。1931年被国民党当局杀害于南京雨花台，时年36岁。遗著编为《恽代英文集》等。

恽代英出身于一个官僚家庭，家境很好，但他舍弃了个人的荣华富贵，一心只为救国救民。他说，人要"利社会、利国家、利天下"，"国不可以不救。他人不去救，则唯靠我自己"，"我身上的磷，只能做四盒洋火。我愿我的磷发出更多的热和光。我希望它燃烧起来，烧掉过老的中国，诞生一个新中国"。这是青年恽代英为人民、为民族最热血的担当。

位于常州市晋陵路与娑罗巷交会处的恽代英住地

二 以常州历史文化名人命名建筑

位于常州市晋陵路与娑罗巷交会处的恽代英纪念馆

学校历年举办红色故事宣讲大赛,讲好常州故事,传承红色基因,赓续精神血脉

位于张太雷纪念馆对面、大运河畔的"常州三杰"宣传墙

"常州三杰"的光辉业绩、崇高风范，给我们留下了极其宝贵的精神财富。"常州三杰"等革命先烈放弃"小我"道路，走上了为国家、为民族、为人民矢志奋斗的"大我"道路，凸显了顶天立地的崇高境界。"常州三杰"精神的内涵可概括为：一腔赤诚的爱国热血、百折不挠的奋斗精神、勇立潮头的担当精神、心系人民的家国情怀、顶天立地的浩然正气。

今天，我们要讲好"常州三杰"故事，传承红色基因，赓续精神血脉，培育和践行社会主义核心价值观，争做有理想、有担当、有本领的"三有"时代新人，不忘初心、牢记使命，为实现中华民族伟大复兴的中国梦而不懈奋斗。

"如境"导航

弘扬"常州三杰"精神，争做"三有"时代新人。

B4　罗庚楼

华罗庚（1910—1985）　祖籍丹阳，生于金坛。国际数学大师，中国科学院院士，中国解析数论、典型群、矩阵几何学、自守函数论、多复变函数论等领域的创始人与开拓者，为中国数学科学的发展做出了无与伦比的贡献，被誉为"中国现代数学之父""人民数学家"，被列为芝加哥科学技术博物馆中当今世界88位数学伟人之一。美国著名数学家贝特曼著文称："华罗庚是中国的爱因斯坦，足够成为全世界所有著名科学院的院士。"1925年，华罗庚初中毕业后，就读于上海中华职业学校，因拿不出学费而中途退学，回家帮父亲料理杂货铺，故一生只有初中毕业文凭。此后，他用5年时间自学完了高中和大学低年级的全部数学课程。1928年不幸染上伤寒，左腿落下终身残疾，走路要借助手杖。1933年被清华大学数学系破格聘为助教。1936年赴英国剑桥大学深造。1938年访英回国后在西南联合大学担任教授。1948年被美国伊利诺伊大学聘为终身教授。1950年放弃在美国的优厚待遇，毅然回国，担任清华大学数学系主任。1955年被选聘为中国科学院学部委员（院士）。1958年担任中国科技大学副校长兼数学系主任。1952年加入民盟，曾担任民盟中央副主席、全国政协副主席。1979年加入中国共产党。

华罗庚语录：

1. 聪明在于勤奋，天才在于积累。

2. 在寻求真理的长河中，唯有学习，不断地学习，勤奋地学习，有创造性地学习，才能越重山跨峻岭。

3. 凡是较有成就的科学工作者，毫无例外都是利用时间的能手，也都是决心在大量时间中投入大量劳动的人。

4. 独立思考能力，对于从事科学研究或其他任何工作，都是十分必要的。在历史上，任何科学上的重大发明创造，都是由于发明者充分发挥了这种独创精神。

罗庚楼　为经济贸易系教学楼。

罗庚楼一角

二 以常州历史文化
名人命名建筑

位于常州市金坛区愚池公园内的华罗庚纪念馆

华罗庚纪念馆内的华罗庚像

"如境"导航

华罗庚精神。

2010年9月17日,在华罗庚先生诞辰100周年纪念大会上,中国科学院常务副院长白春礼院士指出,纪念华罗庚先生,要学习他高尚品格凝结升华而成的"华罗庚精神"——一心报国、矢志不渝的爱国精神,逆境拼搏、奋斗不息的自强精神,慧眼识珠、甘当人梯的人梯精神,生命不息、战斗不止的奉献精神。

一心报国、矢志不渝的爱国精神。 抗日战争期间,华罗庚放弃国外优越的条件,毅然回国;新中国诞生后,他又一次放弃国外优越的条件,回到祖国,把自己的才智无私地奉献给祖国。1950年,华罗庚在归国途中,写下了著名的《致中国全体留美学生的公开信》:"'梁园虽好,非久居之乡',归去来兮!……为了抉择真理,我们应当回去;为了国家民族,我们应当回去;为了为人民服务,我们也应当回去;就是为了个人出路,也应当早日回去,建立我们工作的基础,为我们伟大祖国的建设和发展而奋斗!"华罗庚正是这样用一生的行动,铸就了当代科学家爱国主义的高大形象,他是当今爱国主义教育活生生的好教材,尤其是广大青年学习的楷模。

逆境拼搏、奋斗不息的自强精神。 华罗庚初中毕业后,就读于上海中华职业学校,因拿不出学费而中途退学,回家帮父亲料理杂货铺,故一生只有初中毕业文凭。此后,他用5年时间自学完了高中和大学低年级的全部数学课程。1930年,他发表的数学论文引起清华大学数学系主任熊庆来教授高度重视。从1931年起,他在清华大学边工作边学习,用一年半时间学完了数学系全部课程。他自学了英、法、德文,在外国杂志上发表了3篇论文后,被破格任用为助教。1936年,他留学英国剑桥大学,两年间写了18篇论文,其中"华氏定理"使著名数学家哈代修改了自己即将出版的著作。他还彻底解决了19世纪数学之王高斯提出的数学难题,轰动剑桥,被视为"剑桥的光荣"。

慧眼识珠、甘当人梯的人梯精神。 早在新中国成立初期,华罗庚就重视培养、提携年轻人才。为了祖国科学事业的进步,他不顾个人名利,对人才兼容并蓄,无门户之见,不遗余力地培养了一批顶尖人才,如陈景润、王元、陆启铿、万哲先、潘承洞、龚升等,都是在他的培养下成为世界知名数学家的。华罗庚曾说:"人有两个肩膀,我要让双肩都发挥作用:一肩要挑起'送货上门'的担子,把科学知识和科学方法送到工农群众中去;另一肩要当作'人梯',让年轻一代搭着我的肩膀攀登科学的更高一层山峰,然后让青年们放下绳子,拉我上去,再做人梯。"这番话也是他作为优秀教育家最真实的写照。

生命不息、战斗不止的奉献精神。华罗庚第二次心肌梗死发作后,在住院期间不甘卧病在床,仍坚持工作。在学术生涯的最后一个时期,华罗庚致力让数学为国民经济发展服务,在解决实际问题的过程中推动应用数学的发展。1985年6月,他不顾年迈体弱,亲自带领一批中年业务骨干赴日本进行学术交流。在向日本数学界作学术报告的讲台上,他在讲完"让我再延长5分钟"这句话后,突发心脏病,不幸逝世,为科学事业献出了宝贵的生命。

B5 存初楼

史良 (1900—1985) 字存初，常州青果巷走出来的女君子，中国当代法学家、政治家、女权活动家、社会活动家，中国民主同盟第四、五届中央主席，中华人民共和国司法部首任部长。1919年参加五四运动，担任常州市学生会副会长；1927年毕业于上海法科大学法律专门部；1931年在上海开业任律师，办理多起营救中国共产党地下党员的案件；"九一八"事变后组织成立上海妇女界救国会并担任理事，后任全国各界救国联合会常务委员，因参加与领导抗日救亡运动而被国民政府逮捕入狱，为历史上著名的救国会"七君子"（沈钧儒、章乃器、邹韬奋、李公朴、沙千里、王造时、史良）之一。抗日战争期间，史良任国民参政会参政员，为要求国民政府实施民主和保障妇女权利进行了不懈的斗争。毛泽东称赞史良为"女中豪杰"。邓颖超评价史良"以自己的形象树立了共产党与民主党派'长期共存，互相监督''肝胆相照，荣辱与共'的范例。无愧为中国共产党的老朋友，光荣的爱国民主战士，中国杰出的女革命家"。

存初楼 主要为经济贸易系和应用外语系教学楼。

存初楼一角

二 以常州历史文化名人命名建筑

"存初楼"匾额：由常州籍书画家、民盟盟员蒋寿元先生题写

位于青果巷的史良故居

李公朴（1902—1946） 谱名永祥，字晋祥，号仆如，原籍武进县湖塘桥，生于淮安，为"100位为新中国成立作出突出贡献的英雄模范人物"之一。李公朴是伟大的爱国主义者、坚定的民主战士、中国民主同盟早期领导人、杰出的社会教育家。1928年赴美留学。归国后投身于爱国救亡运动，为历史上著名的救国会"七君子"之一。1946年在昆明遭国民党特务暗杀。李公朴在抗战前办国难教育，抗战时办抗战教育，抗战后办民主教育，并积极投身于反内战、争民主运动。李公朴精神就是"爱国、民主、进步"。李公朴的一生，是不断追求真理的一生，是坚持革命、顽强斗争的一生，是忠于中华民族进步事业与和平民主事业的一生，是献身于中国文化事业与社会教育事业的一生。

位于常州市武进区湖塘镇的李公朴故居

坚定不移跟党走；爱国，报国，民主，法治；有良知、讲风骨、讲操守、讲气节，有学问、有水平。

B6 南田楼

恽南田（1633—1690） 原名格，字寿平，后以字行，改字正叔，号南田、云溪外史、瓯香馆主等，清代画家、诗人、学者，创常州画派。其画笔生动、书法俊秀、诗格超逸，被誉为"南田三绝"。早年向伯父恽向（明末山水画家）学画山水，取法元代王蒙、黄公望、倪瓒，并上溯董源、巨然。创造没骨花卉画法，以潇洒秀逸的用笔直接点蘸颜色敷染成画，讲究形似，又有文人画的情调、韵味。其山水画以神韵、情趣取胜。他又善诗文和书法，诗被誉为"毗陵六逸之冠"。书法主要学褚遂良，被称为"恽体"。

南田楼 主要为创意信息系和应用外语系教学楼。

南田楼一角

"南田楼"匾额：由常州籍书画家、新闻工作者、恽南田后裔恽甫铭先生题写

位于常州市武进区马杭老街的恽南田纪念馆

二 以常州历史文化名人命名建筑

恽南田《牡丹图》

刘海粟（1896—1994） 名槃，字季芳，号海翁，现代画坛泰斗、中国新美术运动的拓荒者、现代美术教育的奠基人。1912年创办上海美术专门学校（原称上海图画美术院），任校长。1949年后任南京艺术学院院长、教授。早年习油画，苍古沉雄，兼作国画，线条有钢筋铁骨之力。后潜心于泼墨法，笔飞墨舞，气魄过人。晚年运用泼彩法，色彩绚丽，气格雄浑。英国剑桥国际传略中心授予其"杰出成就奖"，意大利欧洲学院授予其"欧洲棕榈金奖"。刘海粟学贯中西、艺通古今，"一生追求真善美，一生致力美术教育事业，一生艰苦创新"，晚年将自己毕生创作的主要作品和收藏的历代书画作品全部无偿捐献给国家。常州和上海均建有刘海粟美术馆。

位于常州市钟楼区双桂坊的刘海粟美术馆

位于上海市长宁区延安西路的刘海粟美术馆

二 以常州历史文化名人命名建筑

刘海粟国画《黄山》

"如境"导航

典故一，恽南田与王石谷（王翚）交谊甚厚，自以为山水画不能超过王石谷，便曰："是道让兄独步矣，恪妄耻为天下第二手。"于是舍山水而专攻花卉。典故二，阳湖文派代表作家恽敬曾与张惠言相约"当事事为第一流"。

这两个典故成为常州精神"勇争一流，耻为二手"的出处。

B7 东坡楼

苏轼（1037—1101） 字子瞻，号东坡居士，人称苏仙，四川眉山人，北宋文学巨匠。苏东坡是与屈原、李白、杜甫等比肩的超级文化名人。他的文学成就代表着北宋文学的最高成就。他的词，开豪放一派，与辛弃疾齐名，并称"苏辛"；他的散文，汪洋恣肆，明白畅达，其为"唐宋八大家"之一；他因书法而列"宋四家"之首；而在画坛，他首创中国文人画。此外，他在诗歌、史学、文论、医药、烹饪等诸领域，也成就卓越，有口皆碑。这样才华横溢的全能型巨匠，环视华夏史海，难觅其邻。

苏东坡48岁时上表神宗皇帝请求到常州居住，得到批准。从此，苏东坡与常州结下了不解之缘，"独徘徊而不去兮，眷此邦之多君子"，往返常州达14次之多，64岁时终老常州。苏东坡每次来常州，皆泛舟大运河上，最后系舟登岸。南宋时，常州人民为纪念苏东坡，就在他登岸的地方建了座"舣舟亭"，就是现在的舣舟亭公园，也叫东坡公园。舣舟亭公园古代叫文成坝，传说常州历来人文荟萃，就跟这古运河上的文成坝有关。舣舟亭公园内还有座御碑亭，保存了乾隆皇帝下江南时在常州所写的六首诗的碑刻，这些诗表达了他对苏东坡的崇敬及他对地方官员的教诲。

因苏东坡是古代文人美食家的杰出代表，又与常州结下了不解之缘，故常州菜体验中心所在的大楼被命名为东坡楼。

东坡楼 一、二楼为学生餐厅，三楼为常州菜体验中心及常州菜文化博物馆。

东坡楼一角

二 以常州历史文化名人命名建筑

"东坡楼"匾额：由常州籍苏学家、苏东坡长子苏迈的后裔苏慎先生题写

位于常州市京杭大运河畔的舣舟亭公园，又名东坡公园

乾隆年间状元钱维城《苏轼舣舟亭图卷》局部

二 以常州历史文化
名人命名建筑

位于常州市前后北岸历史文化街区的苏东坡纪念馆及
苏东坡终老地藤花旧馆

B8 元任楼

赵元任（1892—1982） 字宣仲，又字宜重，清代著名诗人赵翼后人。早期任教于康奈尔大学、哈佛大学、清华大学等，后长期任教于加州大学伯克利分校，前后从事教育事业52年。著名语言学家王力、朱德熙、吕叔湘等都是他的学生，他为中国语言学的研究事业培养了一支庞大的队伍，可谓桃李满天下。赵元任是中国现代语言学的先驱，被誉为"中国现代语言学之父"，同时也是中国现代音乐学的先驱、"中国科学社"的创始人之一。赵元任会说33种汉语方言，精通英、德、法、日、俄、希腊、拉丁语等多门外语，甚至精通这些语言的方言，是语言奇才。其语言学代表作有《现代吴语的研究》《中国话的文法》《国语留声片课本》等；音乐代表作有《教我如何不想她》《海韵》《厦门大学校歌》等；翻译代表作有《爱丽丝梦游仙境》等。

元任楼 一、二楼为师生餐厅，三楼为国际文化交流中心。

元任楼一角

二 以常州历史文化名人命名建筑

"元任楼"匾额：由常州籍书画家、赵元任亲属赵源谋先生题写

位于青果巷的赵元任艺术中心

常旅商举办"常州 教我如何不想她"庆祝中国共产党成立100周年大型文艺汇演

《教我如何不想她》是1920年刘半农（生于常州府江阴县，中国新文化运动先驱，文学家、语言学家和教育家）在英国伦敦大学留学期间所作，是中国早期广为流传的重要诗篇。1926年，赵元任将这首诗谱成曲，广为传唱。刘半农在这首诗中首创了"她"字，受到广泛的赞誉。2020年，"常州，教我如何不想她"成为常州城市形象宣传语。

二 以常州历史文化名人命名建筑

E1 云崧楼

赵翼（1727—1814） 字云崧，号瓯北，清代文学家、史学家、诗人，乾隆二十六年（1761）进士。官至贵西兵备道。不久辞官，主讲安定书院。长于史学，著《廿二史札记》。论诗主"独创"，反模拟，与袁枚、张问陶并称清代性灵派三大家。他的《论诗》名句"江山代有才人出，各领风骚数百年"揭示一种变革的历史观点，也象征人才辈出，创新发展。楼名"云崧"，取意于常州历来崇文重教，"儒风蔚然为东南冠"，同时激励莘莘学子立"云崧"之志，成栋梁之材。

云崧楼 坐落在校园中心，为学校最高大楼。一楼主要为如境书院，二楼主要为图文信息管理中心，三楼主要为报告厅——三杰厅，四楼主要为校园网络中心，五、六楼主要为应用外语系实训中心，七、八、九楼主要为创意信息系实训中心，十楼主要为校史馆，十一楼为创意信息系数字媒体实训中心，十二楼为"教工之家"。

云崧楼一角

云崧楼外墙上由常州市书法家协会原主席叶鹏飞先生书写的赵翼诗句：
江山代有才人出，各领风骚数百年

二 以常州历史文化名人命名建筑

云崧楼侧视

"云崧楼"匾额：由常州籍国家一级美术师、常州市刘海粟美术馆原馆长、江苏省美术馆原副馆长赵翼后裔赵治平先生题写

位于常州市前后北岸历史文化街区的赵翼故居

赵翼著作《瓯北诗话》《廿二史札记》

"如境"导航

立"云崧"之志，成栋梁之材。

C2 景仁楼

黄景仁(1749—1783) 字汉镛,一字仲则,号鹿菲子,清代诗人,宋代诗人黄庭坚后裔,"毗陵七子"之一。诗学李白,所作多抒发穷愁不遇、寂寞凄怆之情,也有愤世嫉俗的篇章,其七言诗极有特色,亦能词。著有《两当轩集》《西蠡印稿》。

景仁楼 为学生宿舍楼。

景仁楼一角

位于常州市延陵西路马山埠的黄仲则故居

黄仲则故居两当轩

二 以常州历史文化
名人命名建筑

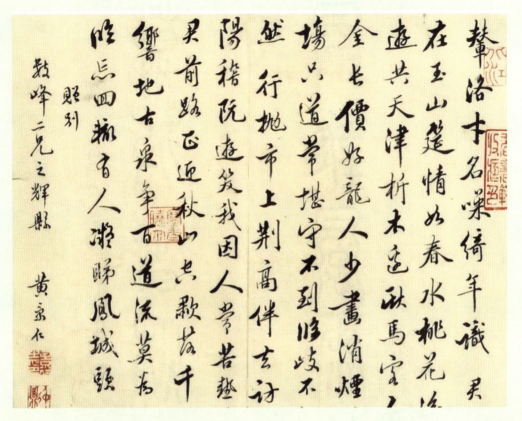

黄景仁书法

孙星衍（1753—1818） 字渊如，号伯渊，别署芳茂山人、微隐。清代著名藏书家、目录学家、书法家、经学家、文字学家、诗人，"毗陵七子"之一。少年时与黄景仁、洪亮吉、杨芳灿以文学见长，后精于经史、文字、音韵、诸子百家，袁枚称他为"天下奇才"。著有《周易集解》《寰宇访碑录》《孙氏祠堂书目》《芳茂山人诗录》等。

孙星衍书法

二 以常州历史文化名人命名建筑

C3 懋堂楼

段玉裁（1735—1815） 字若膺，号懋堂，晚年又号砚北居士、长塘湖居士、侨吴老人，金坛人，清代文字训诂学家、经学家。龚自珍的外公。为清乾隆年间举人，历任贵州玉屏、四川富顺等县知县，引疾归，居苏州枫桥，闭门读书。爱好经学，长于文字、音韵、训诂之学，精于校勘。著有《说文解字注》《六书音均表》《古文尚书撰异》《毛诗故训传定本》《经韵楼集》等。

懋堂楼 为学生宿舍楼。

懋堂楼一角

77

 常州之窗 如境校园

位于常州市金坛区愚池公园内的段玉裁纪念馆

二 以常州历史文化名人命名建筑

戴叔伦（732—789） 字幼公，金坛人，唐代诗人。年轻时师事萧颖士（常州历史上第一位状元）。曾任新城令、东阳令、抚州刺史、容管经略使。晚年上表自请为道士。其诗多表现隐逸生活和闲适情调。论诗主张"诗家之景，如蓝田日暖，良玉生烟，可望而不可置于眉睫之前也"。《全唐诗》共收录戴叔伦诗304首。

位于常州市金坛区愚池公园内的戴叔伦纪念馆

C4　子居楼

恽敬（1757—1817）　字子居，号简堂，清乾隆年间举人，阳湖文派创始人之一。曾任多地知县，著有《大云山房文稿》。恽敬自幼饱读诗书，稍长又治经史百家，广泛涉猎天文地理，不但勤勉好学，还善于思考，持论独具眼光、独出己见。

子居楼　为学生宿舍楼。

子居楼一角

二 以常州历史文化名人命名建筑

"子居楼"匾额：由常州籍书法家、恽敬后裔恽建新先生题写

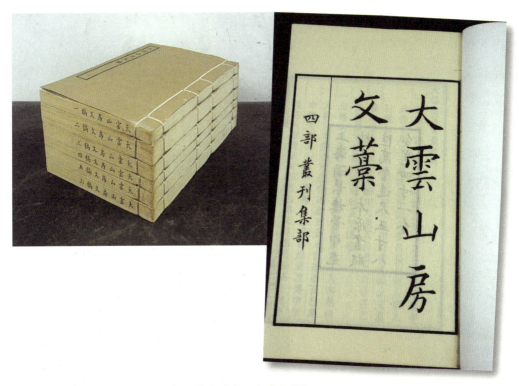

恽敬著作《大云山房文稿》

C5 方耕楼

庄存与（1719—1788） 字方耕，号养恬，清代著名经学家，常州学派（今文经学派）首创者。

刘逢禄（1776—1829） 字申受，号申甫，清代著名经学家，能诗文，常州学派奠基者，清嘉庆十九年（1814）进士，授礼部主事。庄存与的外孙。曾授龚自珍《公羊春秋》之学，龚自珍《己亥杂诗》有"东南绝学在毗陵"之句。

常州学派"通变"思想对近代龚自珍、魏源、梁启超等人的影响很大，为清末变法维新的政治改制提供了最初的理论依据。

方耕楼 为学生宿舍楼。

二 以常州历史文化
名人命名建筑

方耕楼一角

C6 惠言楼

张惠言（1761—1802） 原名一鸣，字皋文，号茗柯，清代词人、散文家。清乾隆年间举人，嘉庆年间进士，官至翰林院编修。精于易学，与惠栋、焦循一同被后世称为"乾嘉易学三大家"。为常州词派之开山祖，也是阳湖文派代表作家之一。著有《茗柯词》《茗柯文编》。

惠言楼 为学生宿舍楼。

惠言楼一角

二 以常州历史文化名人命名建筑

"惠言楼"匾额：由常州籍书法家张泽江先生题写

张惠言书法

张惠言著作《茗柯词》《茗柯文编》

三

以常州历史沿革名称、八邑、景区、历史文化遗存、历史名巷等命名校园道路

（一）

以常州历史沿革名称命名主干道

三 以常州历史沿革名称、八邑、景区、历史文化遗存、历史名巷等命名校园道路

延陵道

延,即绵长。陵,即丘陵、高地。常州东部有山脉连绵起伏如游龙,故常州有延陵之称。春秋时期,吴王寿梦之子季札为避让王位躬耕于舜过山(今焦溪古镇东)。周灵王二十五年(前547),吴王余祭封季札于延陵邑。延陵邑大约在今常州、江阴、丹阳一带,是常州历史上见诸文字最早的名称。秦王政二十五年(前222),置延陵乡。延陵之名沿用345年。

延陵道一段

毗陵道

毗，即厚土、高地。陵，即丘陵、高地。毗陵，即土厚地高的地方。《隋书·地理志》《乾隆武进县志》均记载"毗陵乡毗陵山"，毗陵一名源于毗陵山。

西汉高祖五年（前202），改延陵乡为毗陵县。三国吴嘉禾三年（234），孙权为发展江南，扩充军力，在无锡以西置毗陵典农校尉，管辖毗陵、武进（改丹徒为武进，取"以武而进"之意）、云阳（今丹阳）3县农事，屯田垦殖。西晋太康二年（281），置毗陵郡，以郡统县，辖丹徒、曲阿（今丹阳）、武进（分曲阿、丹徒东部地区置武进）、延陵、毗陵、暨阳（今江阴）、无锡7县，为江南大郡。自此，常州历朝均为郡、州、路、府治所，有"三吴重镇""江左名区"之称。毗陵之名沿用506年，其间，虽曾在西汉王莽当政时改称毗坛，但时间很短，前后仅14年，在东汉建武元年（25）时复称毗陵。

毗陵道一段

晋陵道

西晋永兴元年（304），为避东海王司马越之子司马毗讳，改毗陵为晋陵，晋陵之名沿用285年。东晋大兴元年（318），晋陵郡治迁至京口（今镇江）；东晋咸和三年（328），晋陵郡治迁至丹徒；东晋义熙九年（413），晋陵郡治又迁回晋陵（今常州）。

晋陵道一段

兰陵道

西晋末年发生"八王之乱",大批北方门阀士族为避乱纷纷渡江南迁。东晋大兴元年(318),兰陵(山东兰陵)萧氏一族南迁,过江侨居在晋陵郡武进县的东城里。东晋元帝为了安置南迁的萧氏族人,在武进县境内设置兰陵郡,史称南兰陵(治所在今丹阳东北、常州西北一带),因此常州又有兰陵、南兰陵之称。南朝时期,萧氏从南兰陵起家称帝。479年,萧道成代刘宋在建康(今南京)称帝,史称南齐,历七帝24年。502年,萧衍又代南齐在建康称帝,历四帝56年,史称南梁。南兰陵被称为齐梁故里。

兰陵道一段

位于常州市新北区孟河镇万绥一带的齐梁故里

三 以常州历史沿革名称、八邑、景区、历史文化遗存、历史名巷等命名校园道路

常州（尝州）道

常州　隋文帝废郡设州，开皇九年（589）于常熟县置常州，不久把常熟县划入苏州，移常州治于晋陵，常州之名由此开始，沿用至今，已有1400余年。

常州之名，意为"常稔之州"，由常熟之常而来。常州之常，非同寻常。老子言："道可道，非常道；名可名，非常名。""常"代表了宇宙间最高的哲学境界。孔子倡导"仁、义、礼、智、信"五常之道，"常"代表了儒家最高的道德境界。历史上常州的名称也很有文化底蕴：延陵，绵延如龙，长盛不衰；毗陵，民风淳厚，厚德高尚；晋陵，积极进取；兰陵，君子之乡。

唐代，常州辖晋陵、无锡、义兴（今宜兴）、江阴、武进5县。唐大历年间，名臣、诗人独孤及以三品郎中官职任常州刺史，称"江东之州，常州为大"，可见常州在当时的显要地位。唐会昌四年（844），升常州为望，为全国州府十望之一。宋代，常州属两浙西路。元代，升常州为路。明清时期，称常州府。清雍正四年（1726），分武进一部分置阳湖，分无锡一部分置金匮，分宜兴一部分置荆溪，加上原所辖江阴、靖江，常州府统辖8县，故有"中吴要辅，八邑名都"之称。1912年，废常州府，阳湖县复并入武进县，城区一度称武进市，沿称常州。1927年，无锡县直属江苏省。1949年4月23日，常州、无锡解放，常州城乡分别建立常州市和武进县，无锡城乡分别建立无锡市和无锡县，均市县同城。1953年，江苏省人民政府成立，常州市、无锡市均被列为江苏省辖市，其周边的县分别由专区（地区）管辖。1983年3月，实行市管县体制，武进、金坛、溧阳3县划归常州市管辖，宜兴、江阴2县划归无锡市管辖，靖江县划归扬州市管辖（后改设靖江市由泰州市代管）。1990年、1993年、1995年，溧阳、金坛、武进3县先后撤县设市（县级市），仍由常州市代管。2002年，改武进市为武进区。2015年，改金坛市为金坛区。

长春　明初，朱元璋将常州地区划出两浙，直属南直隶，且改常州路为长春府，辖武进、无锡、宜兴、江阴（靖江）4县。明永乐七年（1409），复改长春府为常州府。

常州之窗 如境校园

尝州 明泰昌元年（1620），为避光宗朱常洛讳，改常州府为尝州府。将"常"改为"尝"，或是常州自古而来"美食之都"的浪漫体现。

常州（尝州）道一段

（二）

以"中吴要辅，八邑名都"之八邑命名学生宿舍区道路

武进道

武进 其名始于三国东吴。三国时期,吴帝孙权尚武,于嘉禾三年(234)改丹徒为武进(取"以武而进,以武而昌"之意,故有武进、武昌之名),在无锡以西置毗陵典农校尉,管辖毗陵、武进、云阳(今丹阳)3县农事,屯田垦殖。西晋太康二年(281),置毗陵郡,分曲阿、丹徒东部地区置武进,加上丹徒、曲阿(今丹阳)、延陵、毗陵、暨阳(今江阴)、无锡共7县,均归毗陵郡统辖。嗣后,各朝对武进时有置废分合,改称过兰陵、永定,并入过曲阿、晋陵,但武进县一直为常州所辖。清雍正四年(1726),分武进设阳湖,与无锡、金匮、宜兴、荆溪、江阴、靖江共8县,均归常州府统辖。1912年,中华民国成立,废常州府,阳湖县复并入武进县,城区一度称武进市,沿称常州。1949年,常州解放后设武进县,与常州市同城。1953—1983年,武进县屡属常州、镇江、苏州等专区、市。1983年3月,镇江专区撤销,武进县划归常州市管辖。1995年,武进撤县设市(县级市),由常州市代管。2002年,撤武进市,设常州市武进区。

武进道一段

阳湖道

阳湖 清雍正四年（1726），分武进设阳湖，属常州府八县之一。1912年，中华民国成立，废常州府，阳湖县复并入武进县。武进、阳湖两座县衙与常州府衙同城办公。常州府衙在常州府学（今常州市第二中学校址）东，武进县衙在常州府衙南，阳湖县衙在常州府衙东。现在三座衙署中仅阳湖县衙存两进楼屋，在现常州市第一人民医院处，太平天国时期曾改为护王府，现已列入江苏省文物保护单位。

阳湖道一段

宜兴道

宜兴 古称荆邑、阳羡。春秋属吴,后属越。战国属楚。秦设阳羡县,属会稽郡。西晋永嘉四年(310),为表彰周玘(周处之子)三兴义兵之功,设义兴郡,辖阳羡等6县。隋开皇九年(589),废郡,改阳羡县为义兴县,属常州。北宋太平兴国元年(976),为避太宗赵光义讳,取"义者宜也"之"宜",改义兴县为宜兴县,仍属常州。南宋至明初,屡次升为府、州。明清时期,为宜兴县,属常州府。1949年新中国成立后,屡属常州、苏州、镇江等专区、地区。1983年,划归无锡市。1988年,宜兴撤县设市(县级市),由无锡市代管。

宜兴道一段

荆溪道

荆溪 因宜兴荆溪河(今蛟桥河)而得名。清雍正四年(1726),分宜兴设荆溪,属常州府八县之一。

三 以常州历史沿革名称、八邑、景区、历史文化遗存、历史名巷等命名校园道路

荆溪道一段

无锡道

无锡 西有锡山,周秦时产锡,至汉采锡尽,故名无锡。西汉高祖五年(前202),始置无锡县,属会稽郡;西汉元封元年(前110),为无锡侯国;西汉征和四年(前89),复为无锡县,属会稽郡。三国吴嘉禾三年(234),废无锡县,分无锡以西为屯田,置毗陵典农校尉。西晋太康元年(280),复置无锡县,后属毗陵郡。元元贞元年(1295),升无锡县为无锡州,属常州路。明清时期,为无锡县,属常州府。1949年新中国成立后,置无锡市。

无锡道一段

金匮道

金匮 清雍正四年（1726），分无锡设金匮，属常州府八县之一。

金匮道一段

江阴道

江阴 简称澄，古称暨阳。秦王政二十五年（前222），为会稽郡延陵乡。西汉高祖五年（前202），为毗陵县暨阳乡。西晋太康二年（281），始置暨阳县，属毗陵郡。南朝刘宋时期，属兰陵郡。南梁太平二年（557），废暨阳县，置江阴郡，以地处长江南岸命名。隋开皇九年（589），废江阴郡，置江阴县，属常州。嗣后，历朝虽有升为军、州、路，但大部分时期为江阴县，属常州。明清时期，属常州府。1949年新中国成立后，屡属常州、苏州等专区、地区。1983年，划归无锡市。1987年，江阴撤县设市（县级市），由无锡市代管。

三 以常州历史沿革名称、八邑、景区、
历史文化遗存、历史名巷等命名校园道路

江阴道一段

靖江道

靖江 古称马驮沙，又名骥沙、骥江、骥渚、马洲、牧城、阴沙。三国吴赤乌元年（238）前由江沙成陆，属吴国毗陵典农校尉暨阳乡。暨阳升县后属暨阳县。明成化七年（1471），始置县，赐名靖江，因地"扼江海门户"而当时沿江多倭寇侵犯，故其名寄寓"安定太平"之意。明清时期，属常州府。1983年，靖江县划归扬州市管辖（后改设靖江市由泰州市代管）。

靖江道一段

(三)

以常州部分景区命名校园道路

茅山道

金坛 东与武进相连；西界茅山，与句容接壤；南濒洮湖（长荡湖），与溧阳、宜兴依水相望；北与丹阳、丹徒毗邻。春秋时属吴。战国时为越、楚所割。秦汉时归云阳县（后改名曲阿县，今江苏丹阳）。两晋时属延陵县。唐垂拱四年（688），取"句曲之山（茅山），金坛之陵"之意，名金坛县。1983年，划归常州市。1993年，撤县，设金坛市（县级市）。2015年，撤市，设金坛区。

茅山 古称句曲山，位于镇江句容和常州金坛交界处，为道教名山、道教上清派发源地，被道家称为"上清宗坛"，有"第一福地，第八洞天"之美誉，也是中国六大山地抗日根据地之一。山上奇岩怪石林立密集，大小溶洞深幽迂回，灵泉圣池星罗棋布，曲涧溪流纵横交织，绿树蔽山，青竹繁茂，物华天宝。茅山既是道教圣地，又是红色根据地，自然景观与人文景观融为一体，胜似仙境。

位于金坛茅山旅游度假区的东方盐湖城，聚茅山特有"山、水、盐、茶、药、泉"六大资源优势及道文化、金坛地缘文化，打造国家级山水养生旅游度假区。常州旅游商贸高等职业技术学校设有东方盐湖城校区。

茅山道一段

三 以常州历史沿革名称、八邑、景区、
历史文化遗存、历史名巷等命名校园道路

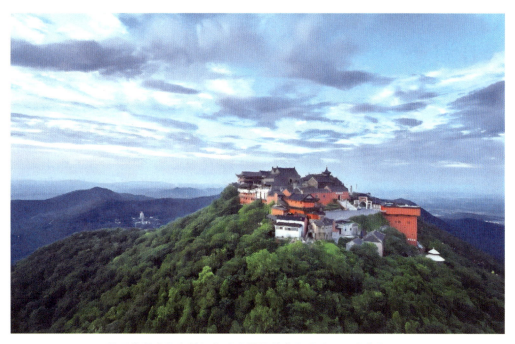

位于常州金坛和镇江句容交界处的茅山主峰——大茅峰

位于金坛茅山旅游度假区的东方盐湖城

天目湖道

溧阳　因地处古溧水之北而得名。位于常州市西南部，东邻宜兴，西与高淳、溧水毗邻，南与安徽广德、郎溪接壤，北接句容、金坛。春秋时属吴。秦置溧阳县，属会稽郡。汉、晋时属鄣郡（后改为丹阳郡，郡治在宛陵，今安徽宣城，后移郡治于建邺），县治在今南渡镇。隋开皇十八年（598），改溧阳县为溧水县，属蒋州（州治在石头城）。唐武德三年（620），重置溧阳县，其后至宋末，隶属虽有更易，但溧阳县名、县治均未改变，隶属治所均在南京。明代，溧阳初为州，后改县，属应天府（今南京）。清代，溧阳初属江宁府（今南京），清雍正八年（1730），改属镇江府。民国时期，溧阳县隶属多有更易。1949年新中国成立后，屡属常州、镇江专区。1983年，划归常州市。1990年，撤县，设溧阳市（县级市），由常州市代管。

天目湖　位于溧阳市南，拥有沙河、大溪两座国家级大型水库，因属天目山余脉，故名"天目湖"。天目湖被誉为"江南明珠""绿色仙境"。天目湖旅游度假区为国家AAAAA级旅游景区，主要包括天目湖山水园景区、天目湖南山竹海景区、天目湖御水温泉景区等。天目湖有许多历史文化遗址：伍员山（相传因伍子胥过山而得名）、蔡邕（东汉文学家）读书台、太白楼、报恩禅寺等。天目湖地区物产丰富，有天目湖砂锅鱼头、天目湖白茶、南山板栗、乌米饭、野山笋等。

江苏天目湖旅游股份有限公司、溧阳天目湖宾馆、溧阳南山花园度假酒店等与常州旅游商贸高等职业技术学校为常州旅游职业教育集团联盟单位。

天目湖道一段

三 以常州历史沿革名称、八邑、景区、
历史文化遗存、历史名巷等命名校园道路

天目湖旅游度假区

（四）

以常州部分历史文化遗存等命名校园道路

三 以常州历史沿革名称、八邑、景区、历史文化遗存、历史名巷等命名校园道路

圩墩道

圩墩遗址 位于常州市戚墅堰，距今已有6000余年历史，是长江下游太湖流域一处新石器时代马家浜文化和崧泽文化遗存，属于长江文明。现建有圩墩遗址公园和圩墩遗址博物馆。

圩墩道一段

位于常州市戚墅堰圩墩遗址公园内的圩墩遗址博物馆

109

淹城道

春秋淹城遗址 位于常州市武进区，为全国重点文物保护单位，距今已有2500余年历史，是国内保存最完整、形制最独特的春秋地面城池遗址。其"三城三河"的建筑形制为世上独有。遗址内出土珍贵文物千余件，包括4条独木舟、20余件青铜器和大量原始青瓷器、陶器。中国春秋淹城旅游区为国家AAAAA级旅游景区。今有"明清看北京，隋唐看西安，春秋看淹城"之说。

1943年，武进工商人士刘文浩创办淹城商业中学，后发展为常州市第三职业高级中学，这是常州旅游商贸高等职业技术学校最早的办学历史。

淹城道一段

三 以常州历史沿革名称、八邑、景区、历史文化遗存、历史名巷等命名校园道路

中国春秋淹城旅游区大门

油画《爱的轮回》：常州旅游商贸高等职业技术学校特聘艺术大师、常州籍画家刘伟光先生系列作品《淹城遗韵》之一。云崧楼十楼设有刘伟光大师工作室及其作品陈列室

中吴道

常州自古即为中吴之地、要辅之城。宋《太平寰宇记》形容常州的地理位置为"三吴襟带之邦,百越舟车之会"。明正统年间,常州大观楼前竖有"中吴要辅"牌坊。毛泽东《七律·登庐山》中有"云横九派浮黄鹤,浪下三吴起白烟"之句,他解释说:"三吴,古称苏州为东吴,常州为中吴,湖州为西吴。"

中吴道一段

三 以常州历史沿革名称、八邑、景区、
历史文化遗存、历史名巷等命名校园道路

龙城道

常州别称"龙城"。明隆庆六年（1572），常州知府施观民创建"龙城书院"，可见早在400多年前常州就有"龙城"之名。清乾隆皇帝六下江南，三次到常州天宁禅寺拈香礼佛，御笔题写了"龙城象教"匾额。清光绪《武阳志余》载"吾郡古号龙城"。关于常州号称"龙城"的由来，主要有四种传说：第一，南唐时徐铉为常州内子城南门挥毫题写篆书门额"常州"，字如"金钟罩六龙"。洪亮吉《云溪竞渡词》中有"自古兰陵号六龙"之句。第二，六龙降临常州城的传说。第三，明初大将汤和驻守常州，于明洪武二年（1369），修筑新城，"地有龙形，故曰龙城"。第四，兰陵齐梁故里出了11位皇帝。

徐铉题字

乾隆皇帝为常州天宁禅寺题写的"龙城象教"匾额

三 以常州历史沿革名称、八邑、景区、历史文化遗存、历史名巷等命名校园道路

龙城道一段

常州之窗 如境校园

环球恐龙城

（五）

以常州历史名巷命名教学区道路

常州之窗 如境校园

青果巷

　　青果巷是常州最有名的巷子，现为"青果巷历史文化街区"，是常州文脉之地。它位于南大街东、南市河（又称前河，春秋古运河）北岸，内有小桥流水人家，呈现典型的江南古城风貌。青果巷始建于明万历年间（1581年前），曾经是古运河边南北果品集散地，故有"千果巷"之称。青果巷保留了大量青砖砌就的明清传统民居，还有许多历史文化价值颇高的名人故居。青果巷是中国盛产名人的巷子，明清两代走出近百名进士，近现代又有几十位有文才武略、享誉中外的知名人士从这里走出或在此居住过，如唐荆川、钱维城、恽鸿仪、汤贻汾、盛宣怀、李伯元、瞿秋白、张太雷、史良、刘国钧、赵元任、吴祖光、周有光等，被称为"江南名士第一巷"。

学校青果巷一段

三 以常州历史沿革名称、八邑、景区、
历史文化遗存、历史名巷等命名校园道路

常州青果巷实景图一组

前后北岸

前后北岸现为"前后北岸历史文化街区",也是常州文脉之地。古称白云尖,明末清初时称顾塘尖,其南临顾塘河(又称市河,也叫后河),北临白云溪,西呈尖端状,是顾塘河与白云溪的连接处,东与县学街接壤,形成三面环水、一面着陆、呈半岛状的尖。当时在这个尖上的房屋,大多是名人府第和世代簪缨的仕宦住宅,其宅门大多为南向、朝着顾塘河,后门临着白云溪,故前后门沿河均筑有驳岸,分别称为"前驳岸""后驳岸"。仅明代末期到清代前期,前后北岸就出了杨廷鉴、吕宫、赵熊诏、庄培因4位状元和7位公卿。这里出

学校前后北岸一段

的进士难以计数，清代闻名全国诗坛的"毗陵七子"中，有5位（洪亮吉、黄景仁、赵怀玉、吕星垣、徐书受）出自这里，清代著名画家恽南田也曾赁居于此。这里东邻县学大成殿（祭祀孔子），西有苏东坡藤花旧馆，常州的名人学士大多选择居住在这里，为的是能与孔子和苏东坡为邻。这里有建于明代的苏东坡终老地楠木厅，有清代大学士吕宫状元府，有以阴沉木为柱础的清代漕运总督管干贞府第的楠木厅，有优秀古建筑道台府四合院和将军楼，有状元赵熊诏读书楼魁星阁，有清代诗人、史学家赵翼的湛贻堂和迷宫般的赵家园，"江山代有才人出，各领风骚数百年"也是从这里传出的。

位于常州市延陵路的前后北岸历史文化街区

 常州之窗 如境校园

双桂坊

　　双桂坊位于常州市钟楼区南大街，见证常州近1000年的变迁，其历史文化悠久深厚，堪称常州第一街。据清光绪《武进阳湖县志》记载，北宋乾德五年（967），居住在此地的宋维、宋绛两兄弟同时考中进士，常州官府建造牌坊以示庆祝，命名为"来贤坊"。北宋景祐元年（1034），居住在此地的丁宗臣、丁宝臣两兄弟又同科高中进士，常州官府便将"来贤坊"更名为"双桂坊"，寓"双双蟾宫折桂"之意，自此双桂坊名声大振。自清末开始，双桂坊成为常州商贾云集之地，而其中老天泰、瑞和泰、马复兴、兴隆园等一批食品餐饮品牌纷纷打响，并逐步成为百年老店。

学校双桂坊一段

三 以常州历史沿革名称、八邑、景区、
历史文化遗存、历史名巷等命名校园道路

位于常州市南大街的双桂坊牌坊

椿桂坊

椿桂坊位于常州市天宁区新坊桥东、元丰桥西。北宋崇宁二年（1103），居住在此地的张彦直、张守父子同榜中进士。6年后，张宰、张宦、张宇三兄弟又同科中进士。父子五人金榜题名，堪比五代时窦燕山"灵椿丹桂，五子登科"，所以常州知州徐申在此地建坊旌表，命名为"椿桂坊"。

学校椿桂坊一段

三 以常州历史沿革名称、八邑、景区、
历史文化遗存、历史名巷等命名校园道路

位于常州市天宁区新坊桥东的椿桂坊牌坊

早科坊

早科坊位于西瀛里与延陵西路之间。北宋年间常州状元霍端友之孙霍超龙于南宋宝祐元年（1253）取得少年省试第一，弱冠又中进士，授翰林院待诏，理宗皇帝命常州知州建早科坊第，以示少年早成。从此，街由坊得名，沿用至今。早科坊附近旧有"二贤祠"，系纪念苏东坡、杨龟山专祠，原为道南书院。

学校早科坊一段

篦箕巷

篦箕巷位于西瀛里文亨桥北、古运河东北岸。从明正德十四年（1519）起，毗陵驿即设于此。清乾隆皇帝南巡经过常州，两次从毗陵驿大码头登岸，传说篦箕巷就是乾隆皇帝命名的。篦箕巷原名花市街，古时巷内鳞次栉比的梳篦店兼售宫花。一到晚上家家店里挂着宫灯，个个工场悬着照灯，灯火交相辉映，被称为常州西郊八景之一——"篦梁灯火"。梳篦是"常州三宝"（梳篦、乱针绣、留青竹刻）之一，被列入国家级非物质文化遗产名录。常州自古以制作篦箕和木梳闻名，素有"宫梳名篦""常州梳篦甲天下"之盛誉。

学校篦箕巷一段

位于常州市怀德桥大运河畔的篦箕巷

位于常州市钟楼区大运河畔的篦梁灯火牌坊

三 以常州历史沿革名称、八邑、景区、历史文化遗存、历史名巷等命名校园道路

西瀛里

西瀛里位于南大街北、古运河东北岸。明初，常州守将汤和建西营驻兵于此，故名西营。后因城内经常失火，将西营改称西瀛，取"以水克火"之意。历史上的西瀛里曾为运河驿道。明清以后，这里逐步形成街市，为"百货业集之所"。民国时期，街内银行、银楼、钱庄林立，成为常州城著名的"金融一条街"。西瀛里街区在城市现代化进程中被拆除，保留了西瀛门城墙，它是常州仅存的明代城墙遗址。

学校西瀛里一段

西瀛里明城墙的西瀛门

化龙巷

化龙巷位于局前街与东横街之间。传说有位叫佟龙的农民在此遇到两位仙人,最后从这里乘龙而去,羽化成仙。巷东有一江南古典园林——近园,书画家恽南田、王石谷、笪重光曾在此雅集,民国时期著名人物画家钱小安、冯仲麟及山水画家伍佩贤曾在此定居。

学校化龙巷一段

四 「如境」校园景点

学校建有一系列文化景点，彰显校园精神，传承教育之道，培育社会主义核心价值观，让浸润其中的学生观其景、品其文、悟其蕴、明其道。

马踏飞燕

"马踏飞燕"为中国旅游标志,又名铜奔马、马超龙雀等。1969年出土于甘肃省武威市雷台汉墓,现藏于甘肃省博物馆。为东汉青铜器,1986年被定为国宝级文物。铜奔马形象矫健俊美,别具风姿;其大胆的构思,浪漫的手法,给人以惊心动魄之感,令人叫绝;体现出自强不息、豪迈进取、雷厉风行的精神。

《马踏飞燕》雕塑为学校合作企业捐赠。

位于学校南大门的《马踏飞燕》雕塑

蛟龙出海

学校北大门紧邻常州地铁1号线"旅游学校"站,为"蛟龙出海"造型,寓意莘莘学子离开母校后能够不断践行"如境"文化,龙行天下、出类拔萃。

学校北大门"蛟龙出海"造型

知行合一

"知行合一"为常州企业家、校友张建宇先生捐赠的巨型灵璧石。

灵璧石,产于安徽省灵璧县,形成于数亿年前,居我国四大名石之首,被清乾隆皇帝御封为"天下第一石"。其特点正如宋代诗人赞誉的"灵璧一石天下奇,声如青铜色碧玉"。

该石左侧形似古希腊先哲亚里士多德头像,右侧形似电影《钢铁是怎样炼成的》男主角保尔·柯察金(Pavel Korchagin)头像,亚里士多德是智慧的化身,马克思称其是古希腊哲学家中最博学的人物,保尔·柯察金用自己的实际行动诠释了"青春"和"奋斗",一生都在为人类的解放而斗争,故将该石命名为"知行合一"。

四 "如境"
校园景点

位于云崧楼前的"知行合一"灵璧石

三立园（立德园　立志园　立能园）

立德、立志、立能是人生成功的三大基石，是学校为培养具有"五美"境界的人才而制定的学生发展"三立"目标。一生得此三立，则可立起做事的理想、做人的尊严，也能立起事业的成功和人生的幸福；一生得此三立，则名立、身立、事立，人生其他诸多方面便会与之并举，随之俱立！

立德园

立德园位于存初楼西，由季子主题塑像群、"信、善、礼"文字和故事浮雕、文化休闲座椅及文化长廊组成，突出了"以信立言、以善立心、以礼立行"的主题，深化了"信（诚信）、善（善良）、礼（礼仪）"教育。

立德以求尊。品德高尚是一个人立世的根基，是一个人赢得口碑、赢得人缘和赢得支持的必要条件。立德是一种为人处世的标准，一种思想，一种境界。

立德园一景

立志园

立志园内建有专业主题雕塑,以"学贵勤勉、技贵精深、志贵宏远"为主题,突出"精(精业)、勤(勤奋)、恒(恒心)",引导学生巩固专业知识,发奋精技成才,立志兴业报国。

立志以求远。确立一个足以长期追求的志向或目标,并济之以坚韧不拔的意志、不达目的誓不罢休的信念,只有这样,"志"才能内化为一种恒久的动力,推动人勇于经历千难万苦,一步步走向成功与卓越。

立志园一景:世界之窗

立志园一景：精技之志

立志园一景：在线之旅

立能园

立能园在景仁楼与懋堂楼之间,为学生技能实训与创新创业的综合实践基地,取名"美乐地立能创业园",以"点燃学子创业梦,奏响青春主旋律"为主题,突出"服务他人、提升自我、学会创业",引导学生树立锻炼能力、提升技能、学会创业、服务师生的理念。

立能以求成。以此引领常旅商学子不断精进专业技能,用心极致,追求卓越。

立能园一景

吴为山雕塑作品《旋律》

该雕塑位于学校立能园内,原在常州旅游商贸高等职业技术学校前身之一常州旅游学校内,由吴为山教授于 1999 年 6 月创作完成。以悦动为设计意象,从音符出发,以心为笔,饱蘸青年学子蓬勃朝气,在广阔空间落墨,弹奏五彩乐章。造型构架成音符动态并永恒凝固,联动的线条伴随造型游走,以此张扬青春精彩的旋律。

吴为山,南京大学教授,国际著名雕塑家,全国政协常委,中国城市雕塑家协会主席、中国美术馆馆长、中国雕塑院院长。

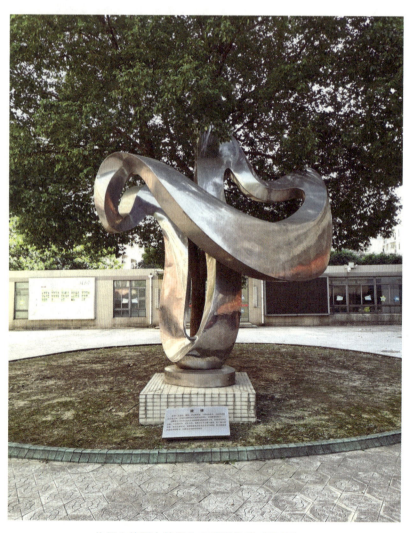

位于立能园内的吴为山雕塑作品《旋律》

国际友谊林

国际友谊林位于国钧楼与毗陵道之间。学校以"专注现代服务业,培养国际化人才"为办学定位,国际化是学校的五大战略之一。学校有多年的国际化办学经验,与十多个国家和地区签约合作项目,每年有大量师生出国交流、求学、实习、就业,同时接收多个国家的学生来校进行短期交流和学习。

国际友谊林远景

常州之窗 如境校园

吴为山雕塑作品《跃》——常州旅游学校印记

该雕塑位于学校国际友谊林西,原在常州旅游商贸高等职业技术学校前身之一常州旅游学校内,由吴为山教授于 1999 年 6 月创作完成。该雕塑启迪常旅商学子以"如境"成长为圆心,以"师生校产城共成长"平台为大舞台,展示风采,实现成长飞跃,通往更高境界。

位于国际友谊林西的吴为山雕塑作品《跃》

常州旅游学校印记

常州旅游商贸高等职业技术学校前身之一的常州旅游学校为国家级重点中等职业学校,位于京杭大运河畔、张太雷故居东南方(子和里)、清凉东路 48 号(现常州市正衡中学校址),占地面积 62.88 亩,建筑面积 25755 平方米。2007 年三校整合前,有教职工 131 人,在校学生 1986 人。1965 年,常州市人民政府创办了常州市半工半读商业学校和常州市城市建设技术学校(不久改名为"共产主义建设学校")。1970年,常州市半工半读商业学校改名为常州市第十六中学。1973年,两校合并成为新的常州市第十六中学。1986年,常州旅游学校成立。

学校拓宽办学思路,适应市场需求,构建起职业教育立体框架;实施了三大战略,即市场战略、产品战略、营销战略;实现了五大联合,即南北联合(从苏北地区招收学生)、东西联合(和陕西省平利县职业教育中心联合办班)、校政企联合(与旅游局、园林局、公交公司、大娘水饺公司等联合办班)、校校联合(与常州工学院、苏州大学等联办五年制大专班)、国际联合(开发赴日本研修项目、与意大利巴巴雷乔旅游管理学院联合招生办班)。教学实习酒店豪华典雅,实训大楼设施精良、配套完善,在旅游教育行业独领风骚。学校烹饪类专业和饭店服务类专业被评为省级示范性专业。学校师生在国家级、省级、市级技能大赛乃至亚洲技能大赛中大显身手,获得金牌100多枚。每年毕业生供不应求。学校卓越的办学实绩赢得了海内外旅游院校和行业的赞誉。

常州旅游学校大门

常州之窗 如境校园

常州物资学校印记

　　常州旅游商贸高等职业技术学校前身之一的常州物资学校创建于1979年，当时为省内唯一主要培养商贸流通领域经营管理人才的全日制普通中等专业学校。常州物资学校坐落在美丽的白荡河畔，占地50多亩，有教职工100余人。常州物资学校先后向全国输送了近万名懂经营、会管理、善决策、有事业心的中高等专业人才。2007年，常州物资学校与常州旅游学校、常州市第三职业高级中学合并升格为常州旅游商贸高等职业技术学校。2020年12月，将常州物资学校老校门徙建于学校三杰楼北，以资留念。

徙建的原常州物资学校校门，位于三杰楼北

社会主义核心价值观宣传墙

"社会主义核心价值观十二生肖像"卡通形象是学校创意信息系学生的创意设计大赛获奖作品。属相是中国人独有的文化标记,也是中国文化独特的反映。社会主义核心价值观是中华民族赖以维系的精神纽带,是每一位中国公民共同的思想道德基础。这组作品将我们耳熟能详的十二生肖形象与社会主义核心价值观的十二个核心词语一一对应,充分挖掘十二生肖的"性格特征、优良品质",与社会主义核心价值观的内涵进行联想设计。这组作品具象化、接地气、成体系,其有趣的整体形象让社会主义核心价值观的内涵一目了然,起到了很好的宣传效果,是社会主义核心价值观融入校园文化和专业建设的生动体现。

位于罗庚楼南侧的社会主义核心价值观宣传墙

常州之窗 如境校园

有光夫妇读书像

有光楼门前的《有光夫妇读书像》由常州旅游商贸高等职业技术学校特聘教授、雕塑大师冷天明先生设计和捐赠。雕像以"才子才女相媲美，相敬相爱乐学习"为主题，传神地刻画了语言学家周有光先生与妻子张允和女士并肩捧读的场景。

《有光夫妇读书像》后的石刻"如境"二字，由常州市书法家协会原主席叶鹏飞先生书写。（封面"如境"二字为常州市书法家协会主席陈清书写）

有光楼前的《有光夫妇读书像》

常州古城城垣图

学校中吴道东南侧有《常州古城城垣图》。

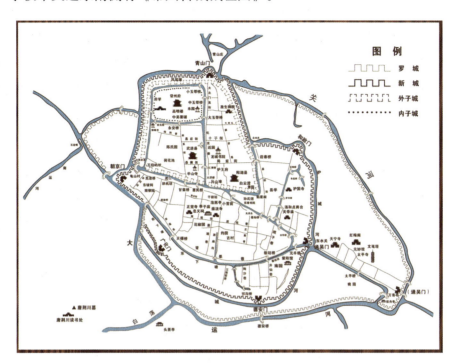

常州古城城垣示意图

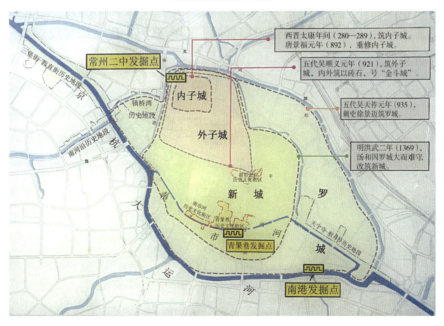

常州古城城垣变迁示意图

常州境内有常州古城池遗迹、建于春秋末期的三城三河形制的淹城遗址、位于常州雪堰和无锡胡埭交界处的阖闾城遗迹。

历史上常州古城先后有过内子城、外子城、罗城、新城等城池。

内子城：始建于西晋太康年间（280—289），此后几经修废。唐景福元年（892），淮南节度使杨行密派遣唐彦随重修内子城，城周2里（1里＝500米）多。内子城位于现常州市第二中学、青少年活动中心、玉带公寓、天王堂新寓一带。

外子城：五代吴顺义元年（921），南吴（后禅让为南唐）常州刺史张伯悰增筑外子城，城垣西沿玉带河，东至迎春桥，南沿迎春路、白云渡、惠民桥、甘棠桥、觅渡桥至西水关。城周7里多，方直雄固，号"金斗城"。

罗城：五代吴天祚元年（935），南吴常州刺史徐景迈筑罗城，这是常州历史上规模最大的城垣。城周27里多，北至青山门，东沿关河至舣舟亭，南沿大运河至西水关，西沿大运河、锁桥河、玉带河（市河）一线。在今桃园路南侧的南港码头大运河边有一处罗城城墙遗址保护展示工程。

新城：明洪武二年（1369），朱元璋派大将汤和带重兵驻守常州。因罗城大而难守，汤和决定收缩东、南、西三面，在罗城内改筑新城。新城城周10里多，设7门和水关4座：东水关、西水关、小西水关、北水关。

近代，常州城有名的城门有通吴门、朝京门、广化门、青山门、德安门、和政门、文在门、西瀛门等。

辛亥革命后，常州城垣逐步毁损拆除，仅西瀛门一段城墙得以保留。城门也仅存西瀛门。

"中吴要辅 八邑名都"示意图

学校中吴道东南侧《常州古城城垣图》旁有"中吴要辅 八邑名都"示意图。

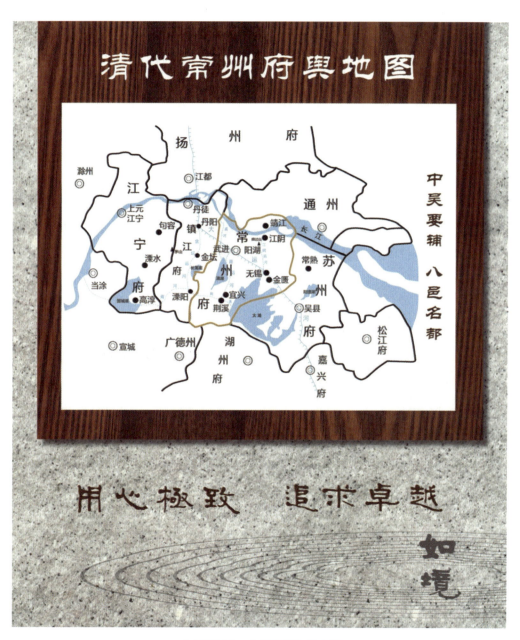

"中吴要辅 八邑名都"示意图

大运河文化墙

学校青果巷内、亮吉楼东外墙设计有大运河文化墙。

2014年，中国大运河被列入世界文化遗产项目。大运河流经北京、天津、河北、山东、河南、安徽、江苏、浙江8省（直辖市）的27段河道和58个遗产点，全长2700千米（含遗产河道1011千米），是世界上开凿时间较早、规模最大、线路最长、延续时间最久的人工运河。最早开凿于春秋吴王夫差时期，完成于隋朝，繁荣于唐宋，取直于元代，疏通于明清。大运河形成了独具特色的运河文化，是中国两千多年历史的现实见证，是保存中国古代灿烂文化最丰富的文化长廊、博物馆和百科全书。

大运河常州段属于隋唐大运河及京杭大运河的江南运河。江南运河的显著特色就是运河从丹阳到常州、无锡、苏州都在一条直线上，相邻城市间距几乎相等。这些城市都是"依运河而立，依运河而兴"。大运河是名副其实的江南这一系列城市的母亲河。

学校青果巷内的大运河文化墙

四 "如境"
校园景点

大运河常州毗陵驿段

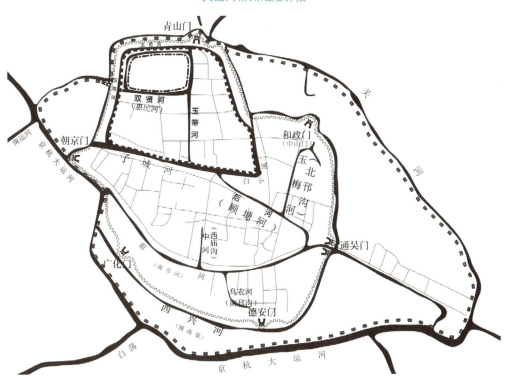

明清时期常州城内水系图

常州古城中主要有三部分水系：

一是围绕子城的子城河、玉带河和双贤河。子城河的后半段（东段）又称白云溪，明朝末年建有白云渡。玉带河三面环绕内子城，形似玉带，故称玉带河。双贤河又称惠民河。

二是后河与玉梅河。旧时顾塘桥、玉梅桥都很有名。

后河与白云溪交汇处的白云尖又称前后北岸。子城河、后河现为延陵路的一部分。前后北岸文气鼎盛，共出过四位状元（杨廷鉴、吕宫、赵熊诏、庄培因）、三位榜眼（杨述曾、庄存与、洪亮吉）、三位探花（管绍宁、汤大绅、赵翼）。

三是城南的前河（南市河）、西兴河（城南渠）和京杭大运河，以及前河的支流中河（西庙沟）、乌衣河（南邗沟）。

前河是江南最古老的运河——春秋延陵运河的城中部分。隋炀帝时开凿的江南运河在常州城内也走前河。著名的青果巷就沿前河而生。因为商业发展，此处聚居大量富商、文人，留下大量名人故居。这正说明大运河对江南大地的润泽有着深厚的文化渊源。

元至正元年（1341），常州路判官朱德麟看到贯穿常州城的运河水浅船多，就疏浚了西兴河（现为吊桥路）来分流。到了明正德十六年（1521），前河完全停止通行，由西兴河代替，这是常州运河的第一次改道。

明万历九年（1581），西兴河因狭窄、淤积严重，经常堵塞。常州知府穆炜，在富豪乡绅的资助下，带领大家在西兴河南边开凿新运河，过土龙嘴到南门外，经广化桥到舣舟亭，与古运河汇合，这一段新运河被称为"明运河"。这是常州运河的第二次改道。常州旅游商贸高等职业技术学校前身之一常州旅游学校就在明运河畔。

明运河有条支流叫白荡，古时"泱泱白荡数百顷"，"远微迷茫湖水阔"，后大多被填，留下一条白荡河。常州旅游商贸高等职业技术学校前身之一常州物资学校就在白荡河畔。

明运河于1987年疏浚拓宽，达到四级航道的标准。

2004年，常州运河再次南移，这是第三次改道。

毗陵驿

在常州菜文化博物馆内有"毗陵驿"景点,系学校教师陈蕾制作的翻糖蛋糕作品。

毗陵驿设于明正德十四年(1519),位于常州市篦箕巷的京杭大运河畔,是专供传递公文的差役和官员途经本地时停船休息或换马住宿的。毗陵驿有接官亭,又叫皇华亭,亭前的码头叫作大码头。皇华亭内有一碑刻"毗陵驿"三字,为现代书法家武中奇先生所书。据史料记载,清乾隆皇帝南巡经过常州时,两次从篦箕巷的大码头登岸进城。《红楼梦》中贾宝玉与贾政的最后一别便是被安排在毗陵驿处的文亨桥顶。

学校教师陈蕾制作的翻糖蛋糕作品《毗陵驿》在 2017 年英国伯明翰国际蛋糕展上斩获金奖

常州之窗 如境校园

位于常州市篦箕巷京杭大运河畔的毗陵驿

常州市民俗学会荣誉会长、常州旅游商贸高等职业技术学校特聘教授季全保《江南老常州系列》：
大运河—毗陵驿—文亨桥

"孟河医派"文化展示墙

在学校体育馆运动健康系教学区建有"孟河医派"文化展示墙。

常州新北区孟河镇历代名医辈出，宋代出了许叔微，著《类证普济本事方》，开医案类著作之先河。明代出了王肯堂，著《六科准绳》，"宗学术之规矩"。至清代道光、咸丰、同治年间，孟河镇名医云集，形成流派，号称"孟河医派"，尤以费、马、巢、丁四大家族为代表。到1911年前后，孟河医派的宗师弟子遍及江苏、上海医界。孟河医派是我国目前延续历史最长、学科最齐全的传统中医流派之一。

学校"孟河医派"文化展示墙一角：费、马、巢、丁四大家族代表人物

位于常州市新北区孟河镇的费伯雄故居

"苏东坡诗意人生"山水盆景

进入云崧楼大厅,首先映入眼帘的是"苏东坡诗意人生"山水盆景,它以陕西安康旬阳石展现苏轼一生"问道眉州—为官杭州—被贬黄州—再知杭州—被贬惠州—流放儋州—终归常州"的情景,艺术性地呈现其"九死南荒吾不恨,兹游奇绝冠平生"的心路历程。大磨难成就大风流,大悲欢书写大人生。苏轼豁达洒脱,进退自如,宠辱不惊,达到既坚持操守又好生养性的人生境界。苏轼以宽广的审美眼光去拥抱大千世界,所以凡物皆有可观,到处都能发现美的存在。因此,苏轼受到后代文人的普遍敬慕。

"苏东坡诗意人生"山水盆景

五

「如境」场馆

学校建有校史馆、如境书院、酒店文化博物馆、常州菜文化博物馆、常州历史文化名人馆等"如境"场馆，集科研、教育、科普、展示、交流、实训、生产于一体，对接行业、企业，共建产业学院，形成"校在城中，城在校中，师生校产城共成长"的"五元"共生育人生态。

校史馆

校史馆位于云崧楼十楼，于2017年建成，分为"如歌岁月""金色年华""精彩回放"三大板块，通过照片、图表、文字、实物等大量资料，展示了从常州市第三职业高级中学、常州旅游学校、常州物资学校的成立、发展到2007年三校整合升格为常州旅游商贸高等职业技术学校延续发展的历史过程，生动反映了学校历届师生的工作学习状况、精神面貌，以及学校文化和办学成就。历届毕业生能通过电子触摸屏迅速查找到自己当年的班级合影。国以史为鉴，校以史明志。校史馆以件件文物，展现学校的坎坷征程；借帧帧原图，展示往昔的峥嵘岁月。校史馆是学校一个崭新的坐标，昭示先行者的艰苦努力，也鞭策后来者继往开来。

校史馆入口处一景

校史馆一景：如歌岁月

如境书院——常州市第三职业高级中学印记

如境书院（图书馆）位于云崧楼一楼，分为四个部分，分别以常州四大名园——意园、未园、近园、约园命名。

如境书院一景

五 "如境"场馆

如境书院之"意园"（创意之园）

如境书院之"意园"

"如境"导航

创意点亮人生，创新成就未来。

诗词文化融入：

恰同学少年，风华正茂；书生意气，挥斥方遒。（毛泽东《沁园春·长沙》）

地方文化融入：

【意园】江南名园，位于常州市天宁区后北岸，旧时白云溪畔，北接迎春桥，西望白云渡，东临县学街。清光绪十二年（1886），在湖北潜江任知县的史干辅退休归乡，在清康熙年间状元赵熊诏宅邸花园故址修建私家园林，集北宋书法家蔡襄书"以意为之"匾额而取名"意园"。其精美独特，在江南园林中极为罕见。意园设内园和外园。内园花木掩映，竹树葱郁，叠石为山，分呈春、夏、秋、冬四景。外园南侧筑室为"延桂山房"，有亭阁回廊，廊房壁间嵌有宋代米芾、蔡襄等历代名家书法石刻10余方；北有魁星阁，传说赵熊诏在此读书而高中状元，因而得名。如今虽已找不到当年状元的踪影，但从中走出了那么多才子，他们的意气、才气、文气仍在龙城常州的土地上不断升腾。

位于常州市天宁区后北岸的意园

如境书院之"未园"（味"道"之园）

如境书院之"未园"

五 "如境"场馆

"如境"导航

立"云崧"之志，成栋梁之材。

诗词文化融入：

踏遍青山人未老，风景这边独好。（毛泽东《清平乐·会昌》）

地方文化融入：

【未园】江南名园，系木商钱遴甫于1920年至1923年营建。1952年，常州市人民政府拨款购下未园，作为私立淹城中学（常州市第三职业高级中学前身）的图书馆。1995年，划归常州市少年宫（今常州市青少年活动中心）。

未园是一座典型的江南园林。园内有乐鱼榭、四宜厅、滴翠轩、光裕堂、垂虹桥、垂虹亭、汲玉亭、抱爽亭、长春亭、长廊、月洞等，缀以奇石假山、曲径小桥、碧水清池、古树名卉，高雅幽静，布局精巧，曲折入胜，别具一格。未园集"小、巧、美"于一体，风景有限而意境无穷，散发出中国传统文化"天人合一"的精神、气质、神韵。

位于常州市青少年活动中心内的未园

未园垂虹亭

常州市第三职业高级中学印记

常州旅游商贸高等职业技术学校前身之一的常州市第三职业高级中学是首批江苏省重点职业学校，位于常州市钟楼区健身路20号（现常州市青少年活动中心西部及未园所在位置），占地面积15亩，建筑面积7000多平方米。2007年三校整合前，有教职工125人，在校学生2000多人。学校发展经历了私立淹城中学、常州市第三初级中学、常州市第二十三中学、常州市第三职业高级中学四个阶段。1943年在武进湖塘高田村创办淹城商业中学，1945年迁至常州城内玉带桥何氏宗祠，1946年更名为私立淹城中学。1952年常州市人民政府拨款给学校买下陈家花园即"未园"，开辟成学校图书馆和阅览室。1956年学校改为公办，命名为常州市第三初级中学。1970年更名为常州市第二十三中学。1986年学校开始转办职业教育，1988年更名为常州市第三职业高级中学，职业中专、综合高中、成人高职、职业培训协调发展，建成了计算机应用与网络技术、电子信息工程、电子商务、公关文秘、办公现代化等特色优势专业，毕业生供不应求，社会培训成果显著，培养了成千上万的计算机应用型人才，赢得了较高的社会声誉，形成了"三职高"职教品牌。

常州市第三职业高级中学校门

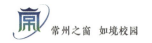

如境书院之"近园"(近"道"之园)

如境书院之"近园"

好学近乎知,力行近乎仁,知耻近乎勇。(孔子)

诗词文化融入:

阅览处:横看成岭侧成峰,远近高低各不同。(宋·苏轼《题西林壁》)
交流处:相知无远近,万里尚为邻。(唐·张九龄《送韦城李少府》)

地方文化融入:

【近园】江南名园,居常州四大名园之首,2013年被定为全国重点文物保护单位,是常州第一座国保园林。位于常州市天宁区化龙巷常州宾馆内。近园为清顺治年间进士、官至福建延平道按察司副使的杨兆鲁所建,并由画家王石谷参与设计,部分利用了明代恽厥初(恽南田的启蒙老师)东园故址,建成后取"近乎似园"之意而命名为近园。杨兆鲁曾邀请著名书画家恽南田、王石谷、笪重光等雅集园内,杨作《近园记》,王作《近园图》,恽书石,笪为之题跋。清同治年间归刘翎宸,光绪年间又归恽彦琦,相继改称"复园"(取"失而复归"之意)、"静园",俗称"恽家花园"。

近园造景,格局不俗,质朴大方。园中山水花木,亭台楼榭,环山绕水,精细而雅致,处处体现了"淡语皆有味"的意境。

五 "如境" 场馆

位于常州市天宁区化龙巷常州宾馆内的近园

近园西野草堂

如境书院之"约园"(约"道"之园)

如境书院之"约园"

五 "如境"场馆

"如境"导航

相约"如境"校园,成就"五美"人生。

诗词文化融入:

月与诗如约,琴将鹤互赓。(宋·方凤《赠乐闲居士》)

地方文化融入:

【约园】江南名园,位于常州市天宁区兴隆巷常州市第二人民医院内。原为明代官府的养鹿场,清乾隆年间为中丞谢旻别业,也称"谢园"。有鞓红新馆、梅坞风清、海棠春榭、小亭玩月、城角风帆等二十四景,灵岩、纫碧、玉芙蓉、独秀、巫峡、仙人掌、昆山片影、玉屏、朵云、舞袖、驼峰、飞来一角等十二峰。后赵翼之孙赵起购得此园,故又名"赵家花园"。赵起谦称该园"约乎成园",遂名"约园"。园中花木扶疏,清流回环,池边罗列形态各异的奇石,池中叠石成山,石亭、曲桥蜿蜒可通,颇擅林壑幽美之胜,充分体现了"天人合一"的文化内涵。

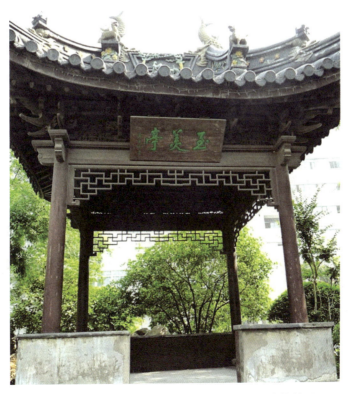

位于常州市天宁区兴隆巷常州市第二人民医院内的约园

酒店文化博物馆

学校建有如境酒店,是旅游管理专业产教融合现代化实训基地。如境酒店内建有酒店文化博物馆。

如境酒店一角

如境酒店大门

酒店文化博物馆集科研、教育、科普、展示、交流等功能于一体，以酒店行业特色为导向，打造高校文化育人的重要平台。酒店文化博物馆分为世界与中国酒店业发展史与大事记、世界酒店业名人堂与典籍著作、知名国际酒店历史与文化、行业藏品演变、酒店专业介绍与酒店专业技能大赛金牌榜、优秀毕业生与校企合作单位六大展示区，是培育酒店人才、弘扬酒店文化的生动教材。

酒店文化博物馆长廊一景

酒店文化博物馆楼道一景

常州菜文化博物馆

　　常州菜文化博物馆在常州菜研究院、常州菜体验中心的基础上,通过对常州菜文化的深入挖掘,以展品及其他现代化手段布展,集知识性、趣味性、参与性于一体,收藏和展示了常州自古以来各个时期与饮食有关的文物资料,包括文献典籍中记载的与饮食相关的内容与故事,充分展示了常州菜文化起源、发展、创新、鼎盛过程,体现了常州深厚的饮食文化底蕴,提高了常州菜的美誉度和影响力,让"常州菜"成为常州的一张亮丽名片,为常州文旅产业发展赋能。

常州菜文化博物馆标志

　　常州菜文化博物馆围绕食育文化、中国传统文化、地方饮食文化定期开展师生研学活动,组织实境课堂,巧妙融入"思政"元素,以文化人,以文育人,传承地方文化;与当地经济社会发展同频共振,为实现学校高质量人才培养目标探索新模式。

常州菜文化博物馆内的《运河盛乾图》屏风。《运河盛乾图》为常州市民俗学会荣誉会长、常州旅游商贸高等职业技术学校特聘教授季全保所绘

常州菜 源自人文始祖季札之"周礼吴传",融北方齐鲁萧氏之贵气,集江南运河漕运之精气,聚数千进士名家之文气,守清廉之道,涵文化之韵,逐浪漫之求,行低调之乐,薄酒淡饭间,却有清欢之味。常州菜呈现江南文人菜的鲜明特点:爱面子、守清廉、好浪漫、乐低调。

常州菜文化展示墙

常州新选之"十大美味"恰恰应了这些特点。文人爱面子,所以追求"有头有面",对应三道美味:天目湖砂锅鱼头、桂花糖芋头、银丝面。文人守清廉,所以追求"一清二白",对应三道美味:水晶虾仁、清炒白芹、红汤百叶。原料极简,菜品呈现极致纯粹的青和白。文人好浪漫,所以追求"云卷云舒",对应两道小吃点心,即网油卷、大麻糕(豆腐汤),将精细的内心进行浪漫放大。文人乐低调,所以追求"薄酒淡饭",对应香糟扣肉、萝卜干炒饭,薄酒浓香,淡饭爽口。

常州菜文化博物馆：常州菜体验中心

常州菜文化博物馆："十大常州美味"展示墙

常州历史文化名人馆——霞客馆

在季子楼与霞客楼之间建有霞客馆，展示了徐霞客从小立志，以平民身份，凭一己之力，游历天下，撰成"千古奇书"《徐霞客游记》，终成"千古奇人""东方游圣"的非凡历程。地面刻有徐霞客一生游历图。

霞客馆一角

徐霞客文化墙

参考文献

[1] 常州市地方志办公室. 常州史稿 [M]. 南京：凤凰出版社，2018.

[2] 秦益霖，王劲. 常州菜：江南文人菜 [J]. 美食，2020（2）：83-86.

[3] 秦益霖. "如境"教育观的生成与构建 [J]. 江苏教育，2020（28）：39-41.